Mark D C McKinnon   Almudena Sáiz García

© 2011 Martins Editora Livraria Ltda., São Paulo, para a presente edição.
© Difusión, Centro de Investigación y Publicaciones de Idiomas, S. L., Barcelona, 2011.
Esta obra foi originalmente publicada em espanhol sob o título *Word Up!* – por Begoña Martínez, Mark D. C. McKinnon, Almudena Sáiz García, Shawn Volesky.

Publisher	*Evandro Mendonça Martins Fontes*
Coordenação editorial	*Vanessa Faleck*
Tradução	*Carlos Antonio Lourival de Lima*
	Egisvanda Isys de Almeida Sandes
Preparação	*Mariana Zanini*
Revisão	*Beatriz Nunes de Sousa*
	Denise Roberti Camargo
	Lucas Torrisi
Redação	*Eulàlia Mata Burgarolas,*
	Rosa Plana Castillón
Desenho da capa e do miolo	*La japonesa*
Ilustrações	*Sergi Padró*

Dados Internacionais de Catalogação na Publicação (CIP)
(Câmara Brasileira do Livro, SP, Brasil)

McKinnon, Mark D. C.
  Word up! : dicionário de gírias, neologismos, coloquialismos, sms, acrônimos etc. : inglês-português / Mark D. C. McKinnon, Almudena Sáiz García ; [tradução [do espanhol] Carlos Antonio L. de Lima e Egisvanda Isys de Almeida Sandes]. – 1. ed. – São Paulo : Martins Martins Fontes, 2011.

  Título original: Word up! : English/español.
  ISBN 978-85-61635-91-6

  1. Inglês – Gíria – Dicionários 2. Inglês – Vocabulários, glossários – Português 3. Neologismos I. Sáiz García, Almudena. II. Título.

11-01782
CDD-427.09
-469.09

Índices para catálogo sistemático:
1. Inglês : Gíria : Linguística 427.09
2. Português : Gíria : Linguística 469.09

Todos os direitos desta edição reservados à
Martins Editora Livraria Ltda.
Av. Dr. Arnaldo, 2076
01255-000 São Paulo SP Brasil
Tel.: (11) 3116 0000
info@emartinsfontes.com.br
www.martinsfontes-selomartins.com.br

Hoje em dia, quem não quer aprender inglês é considerado louco. Língua global de comunicação em nossos dias, o inglês é também o idioma das novas tecnologias e dos suportes multimídia, como a internet, os celulares e os jogos de computador. Como vivemos em um mundo em constante evolução, é de fundamental importância estar atualizado, reciclar-se, conhecer as novas tendências e saber usar os termos que lhes são próprios e as identificam. Definitivamente, é necessário aprender a entender o mundo moderno no qual vivemos.

Dessa afirmação surgiu a necessidade de criar um guia prático de consulta fácil para ajudar a entender palavras e expressões úteis, habituais e curiosas da língua inglesa coloquial. *Word up!* possui termos que em geral não aparecem nem nos dicionários convencionais nem nos livros didáticos, não só porque são tabus (portanto, politicamente incorretos), como também porque são criações muito recentes. Esta obra pretende divertir e interessar o leitor com temas e palavras atuais e práticas (gírias, neologismos, acrônimos, coloquialismos etc.), retiradas de contextos reais, como séries de TV, chats, filmes e, principalmente, das ruas.

Word up! é um pequeno dicionário dirigido a todos os brasileiros que sentem a necessidade desse tipo de linguagem ou ficam curiosos quanto a ela.

Os autores

Abreviaturas utilizadas em

abrev.   abreviatura
acrôn.   acrônimo
adj.   adjetivo
adv.   advérbio
USA   próprio dos Estados Unidos
expr.   expressão
interj.   interjeição
loc.   locução (nominal ou verbal)
loc. adv. locução adverbial
subs.   substantivo
pl.   plural
UK   próprio do Reino Unido
v.   verbo
v. pron.   verbo pronominal
vul.   vulgar

ENGLISH-PORTUGUÊS

> **WORKING ON SATURDAYS? WHAT A BUMMER!** • **TRABALHANDO DE SÁBADO? QUE SACO!**

> **SORRY GUYS. I DIDN'T MEAN TO SAY THAT. I'VE JUST HAD A BLONDE-MOMENT** • **DESCULPA, GALERA! EU NAO QUIS DIZER ISSO! DEI UMA DE LOIRA.**

10 minutes ago
FORA DE MODA, DA IDADE DA PEDRA

—*That is so **10 minutes ago**!* • *Isso é da Idade da Pedra!*

10-4
MENSAGEM RECEBIDA
Pertence à linguagem policial, mas é de uso muito comum.

—*Office: Any taxi for Main Street? It's urgent.* // *Taxi driver: **10-4**. I'm on my way.* • *Central: Há algum táxi para Main Street? É urgente.* // *Taxista: Mensagem recebida. Estou a caminho.*

187
ASSASSINATO
Expressão que vem da linguagem policial.

—*I need back-up. We got a **187** here.* • *Preciso de reforços. Temos um assassinato aqui.*

2 cents [USA]
PALPITE, PITACO

—*Let me get my **2 cents** in here!* • *Deixa eu dar meu palpite sobre isso!*

24/7
24 HORAS POR DIA, 7 DIAS POR SEMANA; O TEMPO TODO

—*We're watching the suspect **24/7**.* • *Estamos de olho no suspeito o tempo todo.*

4U
(for you)
PARA VOCÊ
4 por associação a "for", e **U** a "you". Esta abreviação é muito usada em SMS e em chats.

—*Kisses **4u**.* • *Beijos para você.*

411 [USA]
INFORMAÇÕES, NOTÍCIAS, DADOS
A expressão vem do número de telefone para informações usado nos EUA.

—*Look at that chick! I need the **411** on her.* • *Olha aquela mina! Preciso de informações sobre ela.*

6s and 7s (to be at)
ESTAR CONFUSO/A, PERDIDO/A, NÃO DAR UMA DENTRO

—*The defence was at **6s and 7s**. We lost 6-0.* • *A defesa estava perdida. Perdemos de 6 a 0.*

9 to 5
TRAMPO

—*I have a new **9 to 5** at the local supermarket. I'm so happy.* • *Consegui um novo trampo no supermercado do bairro. Estou tão contente.*

ace *adj., expr.*
1 DA HORA, SENSACIONAL, GENIAL, MARAVILHOSO

—*That movie is **ace**.* • Esse filme é genial.

2 FODA, DO CARALHO

—*Julian: I got tickets for the gig. // Graham: **Ace**, man!* • Julian: Tenho entradas para o show. // Graham: Do caralho, cara!

act up *v.*
1 APRONTAR (PRINCIPALMENTE CRIANÇAS)

—*Mum: Kids, stop **acting up**, or you'll be going to bed.* • Mãe: Crianças, parem de aprontar ou vocês vão já pra cama.

2 ESTAR COM DEFEITO

—*This rust bucket is **acting up** again.* • Essa carroça está com defeito de novo.

action (get) *loc.*
PEGAR, FICAR COM ALGUÉM

—*Duncan: Did you **get** any **action** at the weekend? // Pete: No, the disco was full of mingers.* • Duncan: Você conseguiu pegar alguém no fim de semana? // Pete: Nada, só tinha baranga na balada.

AFAIK *acrôn.*
(as far as I know)
QUE EU SAIBA

—*Does she have MSN? // **AFAIK**, no* • Ela tem MSN? // Que eu saiba, não.

ain't *v.*
Contração negativa do verbo **be** no presente do indicativo. Por exemplo: I am not = I ain't, You are not = You ain't, etc.

air biscuit *subs.*
PEIDO, PUM

—*I smell an **air biscuit**!* • Tô sentindo cheiro de pum!

AKA *abrev.*
(also known as)
TAMBÉM CONHECIDO/A COMO, CHAMADO DE

Usado para indicar o apelido pelo qual se conhece uma pessoa ou alguma coisa.

—*Bruce Springsteen **AKA** "The Boss"*. • *Bruce Springsteen, também conhecido como "O Chefão".*

alcopops *subs.*
Bebida alcoólica leve, gaseificada ou doce. Em geral, as garotas é que tomam. Tipo de bebida inadequado para o **real man**.

all right (a bit of) *expr.*
GOSTOSO/A, TUDO DE BOM (PESSOA)

—*Daniel's **a bit of all right**.* • *Daniel é tudo de bom.*

and stuff *expr.*
ETC., E ASSIM POR DIANTE, E COISA E TAL

Usa-se para somar um termo impreciso, mas semelhante a algo já dito. Característico de pessoas que não têm muito domínio de vocabulário e não sabem como terminar as frases.

—*I like bikes, cars **and stuff**.* • *Eu gosto de motos, carros e coisa e tal.*

anorak [UK] *subs.*
LOUCO/A, FANÁTICO/A

—*Eddie's working on his stamp collection. He's a complete **anorak**.* • *Eddie está trabalhando em sua coleção de selos. Ele é louco por isso.*

argy bargy *subs.*
CONFUSÃO, BARRACO

—*There was a bit of **argy bargy** in the pub last night.* • *Teve um pouco confusão no bar ontem.*

arse licker *subs.*
PUXA-SACO

—*He only got the promotion because he was an **arse licker**.* • *Ele só conseguiu a promoção porque é um puxa-saco.*

ASAP *acrôn.*
(as soon as possible)
O MAIS BREVE POSSÍVEL, O QUANTO ANTES

—*Answer me **ASAP**.* • *Me responda o quanto antes.*

at the minute *loc. adv.*
AGORA MESMO, NESTE MOMENTO

—*I can't talk to you **at the minute**.* • *Não posso falar com você neste momento.*

AWOL *acrôn.*
(absent without leave)
SUMIDO

—Michael's gone **AWOL** again.
• Michael sumiu outra vez.

OUTRA EXPRESSÃO DE MESMO SIGNIFICADO QUE TAMBÉM VEM DO JARGÃO MILITAR É **MIA (MISSING IN ACTION)**

B4 *abrev.*
(before)
ANTES

—Seen U **B4**. • *Já te vi antes.*

> No registro escrito informal, como SMS ou em chats, usam-se muitas expressões formadas por letras e números que, foneticamente, soam como as palavras referidas. Por exemplo, B (bê) 4 (four) = before e U = you.

baconify *v.*
COLOCAR BACON

—Can you **baconify** my burger, please? • *Você pode colocar bacon no meu hambúrguer, por favor?*

bad business *subs.*
1 MAU NEGÓCIO

—He's just got into some **bad business**. • *Ele acaba de se meter em um mau negócio.*

2 PESSOA DESPREZÍVEL, CANALHA

—That guy is **bad business**. • *Esse cara é um canalha.*

bad hair day *subs.*
1 UM DIA EM QUE TUDO DÁ ERRADO, UM PÉSSIMO DIA

—What's wrong with her? // She's having a **bad hair day**. • *O que tem de errado com ela? // Está tendo um péssimo dia.*

2 DIA EM QUE O CABELO ESTÁ RUIM.

badass [USA] *adj.*
Badass pode-se referir tanto a algo "muito bom" como a algo "muito ruim", dependendo do contexto e da intenção.

—He's a **badass** mofo. • *Ele é um filho da puta daqueles.*

—Jimmy has this **badass** moustache. • *Jimmy tem um puta bigode.*

bail out *v.*
PAGAR A DÍVIDA DE ALGUÉM, LIBERAR ALGUÉM MEDIANTE FIANÇA

—The government is **bailing out** the banks. • *O governo está pagando as dívidas dos bancos.*

bait *subs.*
1 MULHER OU HOMEM ATRAENTE, GATO/A

—*Let's go out and get some **bait**.* • *Vamos sair e pegar umas gatas.*

2 jail bait *subs.*
CHAVE DE CADEIA, MENOR DE IDADE

—*Careful, man! She's **jail bait**!* • *Cuidado, cara! Ela é chave de cadeia!*

baller [USA] *subs.*
1 BOM JOGADOR DE BASQUETE

—*That boy's a **baller**.* • *Esse garoto é um bom jogador de basquete.*

2 VENCEDOR/A

—*That ghetto boy's a **baller** now. He's made it big time.* • *Esse cara é um vencedor agora. Ele tá com a vida feita.*

ballin' *adj.*
MONTADO/A NA GRANA, PODRE DE RICO/A

—*Bill Gates is **ballin'**.* • *Bill Gates está podre de rico.*

balls *subs. pl., expr.*
1 COLHÕES, BOLAS

—*He didn't have the **balls** to do it.* • *Não teve peito para fazer isso.*

2 CARAMBA, CARALHO, PUTA QUE PARIU

—***Balls**! I've had enough!* • *Caralho! Tô de saco cheio!*

balls up *v., subs.*
1 ESTRAGAR TUDO, FERRAR, FODER

—*Shit! I've **ballsed** it **up** again!* • *Droga! Estraguei tudo de novo!*

2 CAGADA, MANCADA

—*What a **balls up**!* • *Que cagada!*

ballistic (go) *loc.*
FICAR PUTO/A DA VIDA

—*He **went ballistic** when we told him.* • *Ele ficou puto da vida quando a gente contou a história.*

baltic *adj.*
UM FRIO DA PORRA, UM BAITA FRIO

—*Oh, man. It's **baltic** out there.* • *Caramba, cara! Lá fora tá fazendo um baita frio.*

bamboozle *v.*
ENROLAR ALGUÉM, ENGANAR, CONFUNDIR

—*OK, you give me 10, I'll give you 2, then you give your 2 to her and that's us quits. Got that? // Erm… you're*

bamboozling me. • *Ok, você me dá 10, eu te dou 2, então você dá 2 para ela e ficamos todos quites, certo?* // *Humm... você tá me enrolando.*

bang *interj., v.*
1 BUM (ALGO QUE ACONTECE DE REPENTE)

—*And **bang**! He was gone!* • *E bum! Ele já tinha se mandado.*

2 TRANSAR, COMER ALGUÉM
vul.

—*Hey, dude! Are you **banging** my sister?* • *Ei, cara, você tá comendo a minha irmã?*

bangin' *adj.*
1 PARA PESSOAS: GOSTOSO/A

—*Look at that, man. She's **bangin'**!* • *Olha isso, cara. Que gostosa!*

2 PARA COISAS: LEGAL, DA HORA, DO CARALHO

—*This party's **bangin'**!* • *Esta festa tá da hora!*

bank on *v.*
CONTAR COM, CONFIAR EM

—*Mike: Will we finish by 8, Joe?* // *Joe: I'm **banking on** it.* • *Mike: A gente termina até às 8, Joe?* // *Joe: Estou contando com isso.*

barf *v.*
VOMITAR

—*He's had too much to drink. He's just **barfed**.* • *Ele bebeu todas. Acabou de vomitar.*

barfaroni *adj.*
QUE NOJO!

—*Oh, **barfaroni**! I can't believe you're eating that shit!* • *Que nojo! Não acredito que você está comendo essa porcaria.*

barking mad *adj.*
MUITO LOUCO/A, DOIDO DE PEDRA

—*Mad? He's **barking mad**, mate.* • *Louco? Ele é doido de pedra, meu.*

BB *abrev.*
(baby)
MEU AMOR

—*I love U, **BB**.* • *Te amo, meu amor.*

BBIAB *abrev.*
(be back in a bit)
VOLTO LOGO

—*tel. **BBIAB**.* • *tel. Volto logo!*

BBL *abrev.*
(be back later)
VOLTO MAIS TARDE

—*Studying. **BBL**.* • *Estou estudando. Volto mais tarde.*

b-boy *subs.*
Termo usado para se referir a uma pessoa que se identifica com a cultura hip-hop. Também existe **b-girl**.

BBW *abrev.*
(big beautiful woman)
EUFEMISMO PARA DESIGNAR MULHERES GORDINHAS E CHARMOSAS

—I love you baby, you're my **BBW**. • Te adoro, meu amor! Você é minha gorduchinha.

beat up *v.*
DAR UMA SURRA, QUEBRAR A CARA DE ALGUÉM

—Shut up Michael or I'll **beat** you **up**! • Cala a boca, Michael, ou quebro a sua cara!

beats me *interj.*
SEI LÁ, VAI SABER

—Woman: What is that? // Man: **Beats me**! • Mulher: O que é isso? // Homem: Sei lá!

beau *subs.*
PAQUERA, FICANTE

—In this photo here we can see Madonna and her new **beau**. • Nesta foto aqui a gente consegue ver a Madonna com o novo paquera.

bed *v.*
IR PRA CAMA COM ALGUÉM, TRANSAR

—He says he **bedded** 10000 women before he finally settled down with Carla. • Ele disse que transou com 10.000 mulheres antes de ficar com a Carla.

bee's knees *subs.*
FANTÁSTICO/A, DA HORA, O MÁXIMO, A ÚLTIMA BOLACHA DO PACOTE

—My brother thinks he's the **bee's knees** but he's a loser. • Meu irmão se acha o máximo, mas é um fracassado.

beef up *v.*
INTENSIFICAR, REFORÇAR

—We need to **beef up** our campaign or we'll lose. • Nós temos que reforçar nossa campanha ou perderemos.

beer goggles *subs.*
Fenômeno "paranormal" produzido pelos efeitos do álcool que faz uma pessoa perder totalmente o critério na hora de paquerar alguém (**goggles** são óculos).

—She looked much better last night when I had my **beer goggles** on. • Ela parecia mais gostosa ontem à noite, quando eu estava com meus "beer goggles".

beer scooter _{subs.}
Fenômeno "paranormal" também produzido pelos efeitos do álcool. Desta vez, porém, consiste em acordar depois de uma noite de bebedeira sem saber como chegou em casa (**scooter** é moto).
—*I can't remember a thing, I must've got home on my **beer scooter**.* • Não me lembro de nada. Devo ter chegado em casa na minha "beer scooter".

beer belly _{subs.}
PANÇA DE CERVEJA
—*Is that a **beer belly** I see?* • Estou vendo uma pança de cerveja?

bender (to go on a) _{loc.}
GANDAIA, CAIR NA GANDAIA
—*Pete: Where have you been? // Dan: I went on a **bender**.* • Pete: Onde você tava? //Dan: Caí na gandaia.

bent _{adj.}
1 CORRUPTO/A
—*He's a **bent** copper.* • Ele é um policial corrupto.

2 MARICAS _{vul.}
—*Sam's **bent**.* • Sam é um maricas.

bevvy _{subs.}
BREJA, CERVA, BIRITA
—*We're going for a **bevvy**. Coming?* • A gente vai tomar umas brejas. Você vem?

bible thumper _{subs.}
CRISTÃO/Ã RADICAL, PREGADOR/A DE PORTA EM PORTA
—*Don't open the door! It's the **bible thumpers**!* • Não abra a porta que são os pregadores!

bimbo _{subs.}
MULHER BONITA E BURRA
—*Samantha's such a **bimbo**!* • Samantha é tão bonita e burra!

bird [UK] _{subs.}
GAROTA, MINA
—*Hey Leonard, have you seen that new **bird** in accounts?* • Ei, Leonard, você viu a nova garota da contabilidade?

black out _{v.}
APAGAR, DESMAIAR
—*I can't remember a thing. I must've **blacked out**.* • Não me lembro de nada. Acho que apaguei.

bling subs.
Refere-se às joias, normalmente muito ostentosas, de que os *rappers* tanto gostam.

bloke [UK] subs.
GAROTO, MENINO, CARA, TIPO

—*Paul's a nice **bloke**.* • Paul é um cara legal.

a blonde moment subs.
MOMENTO DE ESTUPIDEZ, DAR UMA DE LOIRA

—*Sorry guys. I didn't mean to say that. I've just had **a blonde moment*** • Desculpa, galera! Eu não quis dizer isso! Dei uma de loira.

blotto subs.
MUITO BÊBADO/A

—*You were **blotto** last night.* • Você tava muito bêbado ontem à noite.

blow v., subs.
1 ESTRAGAR TUDO, FAZER CAGADA

—*Shit! You've **blown** it now. Shouldn't have done that.* • Droga! Você estragou tudo, não devia ter feito isso!

2 TORRAR A GRANA

—*I've **blown** all my dosh on this new mp4.* • Torrei toda a minha grana neste mp4.

3 FAZER BOQUETE, SEXO ORAL, CHUPAR vul.

—*Oh, **blow** me baby!* • Vamos, amoreco, me chupa!

4 [USA] COCAÍNA, PÓ; [UK] BASEADO, MACONHA

—*Got any **blow**, mate?* • Cara, você tem um baseado? / Cara, você tem pó?

blowjob subs. vul.
CHUPAR, FAZER SEXO ORAL, FAZER BOQUETE

—*She gives good **blowjob**.* • Ela faz um boquete delicioso.

blunder subs.
CAGADA

—*What a **blunder**!* • Que cagada!

B.O. *acrôn.*
(body odour)
CÊ-CÊ, CHEIRO DE SUOR
—*What's that ming? Somebody's got **B.O.*** • *Que fedor é esse? Alguém tá com cê-cê.*

bob's your uncle *expr.*
É ISSO AÍ, ESTÁ PRONTO, FEITO, AÍ ESTÁ
—*Turn right, then second left and **bob's your uncle**.* • *Dobre à direita, pegue a segunda à esquerda, e é isso aí.*

bog down *v.*
ESTAR PRESO/A, ATRASAR-SE
—*We're getting **bogged down** with this. Let's move on.* • *A gente tá se atrasando com isso. Vamos pra outra coisa.*

bog standard [UK] *adj.*
COMUM, NORMAL, NADA DE ESPECIAL
—*They're a **bog standard** band.* • *Eles são uma banda comum.*

bollocking (give a) *loc.*
DAR UMA BRONCA
—*She **gave me a** right **bollocking**.* • *Ela me deu uma bronca daquelas.*

bollocks [UK] *subs. pl.*
1 COLHÕES, PEITO, CORAGEM
—*You don't have the **bollocks**, mate.* • *Você não tem peito, cara.*

2 BESTEIRA, ESTUPIDEZ
—*You're talking **bollocks**.* • *O que você tá dizendo é besteira.*

3 MERDA!, UMA DROGA! *interj.*
—***Bollocks**! I'm gonna be late now!* • *Merda! Agora eu vou chegar atrasado.*

bomb *v.*
IR COM TUDO, IR FUNDO, IR RÁPIDO, DAR UM GÁS
—*That was quick! Did you **bomb** it?* • *Que rápido! Você deu um gás?*

boner *subs. vul.*
TESÃO, EREÇÃO
—*I've got a **boner**!* • *Tô com tesão!*

bong *subs.*
CACHIMBO
—*Pass me the **bong**, man.* • *Me passe o cachimbo, cara?*

bonk <small>v. vul.</small>
TRANSAR

—No **bonking** while I'm out. • Nada de transar enquanto estou fora de casa!

bonkers <small>adj.</small>
PIRADO/A, LOUCO/A

—You're **bonkers**, mate! • Você é pirado, cara!

booger, bogey <small>subs.</small>
CATOTA, RANHO

—Blow your nose, you pig. You've got **boogers**. • Vai limpar o nariz, sua porca, que tá cheio de ranho.

bookie's (the) <small>subs.</small>
AGENCIADOR DE APOSTAS

—Geezer 1: Going down the **bookie's**? // Geezer 2: No, mate. Got no dosh. • Cara 1: Indo no agenciador de apostas? // Cara 2: Não, cara. Não tenho grana.

booty, bootie <small>subs.</small>
BUMBUM, BUNDA

—Oh, mama! What a **bootie**! • Caramba! Que bunda!

bootylicious <small>adj.</small>
QUE TEM UM CORPÃO

—Yeah, baby. You're so **bootylicious**. • Que corpão você tem, gostosa!

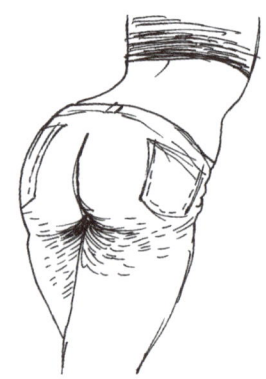

HÁ MUITAS PALAVRAS PARA DENOMINAR O LOCAL ONDE AS COSTAS TERMINAM: ASS, ARSE, BACKYARD, BEHIND, BUM, BUTT, JACKSY, KEISTER, PATOOTIE, REAR END...

booze <small>subs.</small>
ÁLCOOL

—No **booze**. You're driving. • Nada de álcool. Você está dirigindo.

boozer <small>subs.</small>
BAR, BOTECO

—I'm off to the **boozer**. Coming? • Vou até o boteco. Quer ir?

bottle subs.
PEITO, CORAGEM

—*You ain't got the **bottle**, mate.* • *Você não tem peito, cara!*

brick it v.
CAGAR DE MEDO, MORRER DE MEDO

—*I was **bricking it**!* • *Estava morrendo de medo!*

bro' abrev.
(brother)
AMIGO, CAMARADA, CARA, MEU, MANO

—*Yo, **bro**'. Wassup?* • *E aí, cara?*

bum v.
DAR, EMPRESTAR

—***Bum** me a square, man.* • *Me dá um cigarro, cara.*

bummer subs.
QUE SACO, SACANAGEM

—*Working on Saturdays? What a **bummer**!* • *Trabalhando de sábado? Que saco!*

buns subs. pl.
NÁDEGAS, BUNDA

—*That guy has nice **buns**.* • *Aquele cara tem uma bunda linda.*

busted (get) loc.
PEGAR, DETER

—*Robert Downey Jr. **got busted** for heroin again!* • *Pegaram o Robert Downey Jr. de novo por porte de heroína!*

BYOB acrôn.
(bring your own beer)
TRAZER BEBIDA

—*Party at mine. Saturday. 9pm. **BYOB**.* • *Festa na minha casa. Sábado. Às 9. Trazer bebida.*

STUART GOT CARDED AT THE CLUB LAST NIGHT. // BUT HE'S 25! // YEAH, BUT HE LOOKS 13.

- PEDIRAM A IDENTIDADE DO STUART ONTEM NA ENTRADA DA BALADA. // MAS ELE TEM 25 ANOS! // EU SEI, MAS APARENTA TER 13.

cake *adj., subs.*
1 FÁCIL, MOLE, BABA

—*This exercise is **cake**!* • *Este exercício é baba!*

2 GRANA, DINDIM

—*My kid's getting his **cake** this summer working in a beach bar.* • *Meu filho está ganhando uma grana neste verão trabalhando em um quiosque de praia.*

Californication *subs.*
(California + fornication)

Refere-se às influências do estilo de vida californiano em alguns estados do oeste dos Estados Unidos; influências consideradas por muitos como indecentes e luxuriosas. O termo apareceu inicialmente em um adesivo de carro do estado do Oregon, no início dos anos 1980, que dizia **Don't californicate Oregon**. O termo entrou mais na moda graças a uma série de TV, **Californication**, protagonizada por David "Mulder" Duchovny.

—***Californication** is spreading!* • *A "californicação" está se espalhando!*

call it a day *expr.*
TERMINAR ALGO POR HOJE

—*That's it! We're gonna **call it a day**.* • *Já chega! Por hoje terminamos.*

camp *adj.*
AFEMINADO, MARICAS

—*That guy is so **camp**.* • *Esse cara é muito maricas.*

candy *subs.*
1 Eufemismo para "sexo" ou "drogas". O termo é muito usado no jargão das prostitutas e dos traficantes de drogas.

—*Whore: Hey! You want some **candy**?* • *Prostituta: Ei, quer transar?*

—*Pusher: Hey! You want some **candy**?* • *Traficante: Ei, quer um pacote?*

2 ear candy *subs.*
BOA MÚSICA, SOM DA HORA

—*That tune's **ear candy**, man.* • *Esse som é da hora, cara.*

3 eye candy *subs.*
UM COLÍRIO PARA OS OLHOS, QUE ALEGRA A VISTA

—*Girlfriend: Stop eyeing up the birds. // Boyfriend: Don't worry baby. They're just **eye candy**. You're my true love.* • *Namorada: Quer parar de comer essas garotas com os olhos? // Namorado: Não encana, gata, elas só alegram um pouco a vista. Você é meu verdadeiro amor.*

4 nose candy *subs.*
PÓ, COCAÍNA

—*She needs her fix of **nose candy**.* • *Ela precisa de um tiro de pó.*

card *v.*
Pedir a identificação a alguém que tem aspecto jovem, principalmente na entrada das baladas.

—*Stuart got **carded** at the club last night. // But he's 25! // Yeah, but he looks 13.* • *Pediram a identidade do Stuart ontem na entrada da balada. // Mas ele tem 25 anos! // Eu sei, mas aparenta ter 13.*

chav [UK] *subs.*
PIVETE

—*I'm not going back to that club. It's full of **chavs**.* • *Não volto nessa balada. Está cheia de pivetes.*

cheapskate *subs.*
MÃO DE VACA, UNHA DE FOME, PÃO-DURO

—*Splash the cash, man! You're such a **cheapskate**!* • *Solta a grana, cara! Você é tão mão de vaca!*

chedda [USA] *subs.*
GRANA, DINDIM

—*Hey man! You got the **chedda**?* • *E aí, cara! Você tem grana?*

chick *subs.*
1 MINA

—*I love Californian **chicks**.* • *Adoro as gatas da Califórnia.*

2 chick flick *subs.*
FILME PARA MENINAS, FILME ÁGUA COM AÇÚCAR

—*Don't go to see "The Sisterhood of the Travelling Pants"! It's a **chick flick**.* • *Não vá ver "Quatro amigas e um jeans viajante"! É um filme de menina.*

chicken out *v.*
DAR PARA TRÁS, ACOVARDAR-SE

—*Girl: He didn't even say anything. He just **chickened out**.* • *Garota: Ele não disse absolutamente nada. Só deu para trás.*

chief *subs.*
CHEFE, CARA, MEU

—*Wassup, **chief**!* • *E aí, meu?*

chill v.

1 FICAR DE BOA EM CASA

—I'm gonna **chill** with the guys tonight. • Vou ficar de boa em casa com os amigos hoje à noite.

2 RELAXAR

—**Chill**, man! • Relaxa, cara!

chillax v.

(chill + relax)
FICAR DE BOA EM CASA

—Come on over, we're just **chillaxin'** tonight. • Vem pra cá, que a gente vai ficar de boa em casa hoje à noite.

chuck v.

1 JOGAR

—**Chuck** me the paper over, will you? • Jogue o jornal para mim, por favor.

2 MANDAR PLANTAR BATATAS, MANDAR PASSEAR

—Give me a beer. Martha's **chucked** me again. • Me dá uma cerveja. A Martha me mandou passear de novo.

3 chuck up v.

VOMITAR

—Lamar's flatmate: Are you OK, Lamar? // Lamar: No, man, I've just **chucked up**. • Colega de apartamento de Lamar: Você tá bem, Lamar? // Lamar: Não, cara, acabei de vomitar.

chuff v.

PEIDAR

—Oh, no! Who **chuffed**? • Ah, não! Quem peidou?

clam up loc. v.

DAR UM BRANCO

—I didn't know what to say. I just **clammed up**. • Eu não sabia o que dizer. Deu um branco.

clapped-out adj.

ESTROPIADO/A, FODIDO/A (CARROS OU MÁQUINAS)

—Are you still driving that **clapped-out** SEAT? • Você ainda dirige aquele SEAT estropiado?

cock subs. vul.

1 PINTO, PÊNIS, PAU

—Knob down the disco: What you need is a good **cock**! // Girl: Piss off! • Babaca na balada: O que você precisa é de um bom pau! // Garota: Cai fora!

SÃO MUITAS AS PALAVRAS PARA SE REFERIR A ESSE INSTRUMENTO: BOBBY, DICK, KNOB, PRICK, SAUSAGE, SCHLONG, TODGER, WANGER, WILLIE...

2 cockteaser *subs. vul.*
SEDUTORA BARATA, PIRIGUETE

—Watch out, Mary, your man is talking to that **cockteaser**! • *Fica esperta, Mary, que seu namorado tá de papo com aquela piriguete!*

3 cock up *v.*
PISAR NA BOLA, PÔR A PERDER, FAZER UMA CAGADA, ESTRAGAR TUDO

—Shit! I've **cocked** it **up** again. • *Merda! Estraguei tudo de novo.*

cold feet (get) *loc.*
FICAR NERVOSO/A E DESISTIR, DAR PARA TRÁS

—Wilson: Did you ask her? // Johnson: No. // Wilson: Did you **get cold feet**? // Johnson: Yeah. • *Wilson: Você perguntou para ela? // Johnson: Não. // Wilson: Deu para trás, né? // Johnson: Sim.*

come, cum *v. vul.*
GOZAR, CHEGAR AO ORGASMO

—Honey, I'm gonna **cum**! • *Amor, vou gozar!*

come out *v.*
SAIR DO ARMÁRIO

—Margaret **came out** to everyone after dinner. She has a steady girlfriend now. • *Margaret saiu do armário depois do jantar. Agora ela tem uma namorada firme.*

comptarded *adj.*
(computer + retarded)
UMA NEGAÇÃO PARA A INFORMÁTICA

—My parents are so **comptarded**. • *Meus pais são uma negação para a informática.*

con *subs., v.*
1 GOLPE, TRAPAÇA, CONTO DO VIGÁRIO

—This is a **con**. • *Isso é um golpe.*

2 ENGANAR ALGUÉM

—Don't try to **con** me. • *Não venha me enganar.*

condomonium *subs.*
NÃO TER PRESERVATIVO À MÃO, SEM CAMISINHA

—Yeah, we were just ready to get it on and suddenly it was **condomonium**. • *Estávamos a ponto de transar e de repente percebemos que estávamos sem camisinha.*

cool *adj.*
LEGAL, BACANA

—Your bike's so **cool**. • *Sua moto é muito legal.*

cough up *v.*
SOLTAR A GRANA

—Come on, dad. **Cough up**! • *Vai, pai. Solta a grana!*

cow *subs.*
GAROTA MAL-HUMORADA, VACA

—*She's such a **cow**!* • *Ela é muito vaca!*

crack up *v.*
1 MORRER DE DAR RISADA, TER DOR DE BARRIGA DE TANTO RIR

—*Laugh? I was **cracking up**!* • *Se eu dei risada? Fiquei com dor de barriga de tanto rir!*

2 TER UM ATAQUE

—*Don't do that or dad'll **crack up**.* • *Não faça isso ou o pai vai ter um ataque.*

crap *subs., adj.*
1 CAGAR

—*I'm going for a **crap**.* • *Vou dar uma cagada.*

2 UMA MERDA, BOSTA

—*The flick was **crap**.* • *O filme era uma merda.*

crash *v.*
ENTRAR NUMA FESTA SEM CONVITE, IR DE PENETRA

—*I don't wanna know. I'm gonna **crash**.* • *Não quero saber. Vou de penetra.*

cred *subs.*
Nível de respeito, prestígio ou credibilidade no bairro. "Lose street cred" é uma expressão comum na rua: "queimar o filme".

—*Don't wear that, you'll lose your street **cred**.* • *Não use isso, senão você vai queimar seu filme.*

creep *subs.*
IMBECIL, CARA DE PAU, SUJEITINHO, FILHO DA PUTA

—*He did what? Oh, man, he's such a **creep**. Forget him.* • *O que ele fez? Pô, meu! Ele é um imbecil! Esquece o cara.*

CRS *acrôn.*
(can't remember shit)
NÃO ME LEMBRO DE NADA

—*sms 1: WTF happened? // sms 2: **CRS**.* • *sms 1: O que aconteceu? // sms 2: Não me lembro de nada.*

cut one *v.*
SOLTAR UM PEIDO

—*What's that smell? Who **cut one**?* • *Que cheiro é esse? Quem soltou um peido?*

cyberdump v.
DAR O FORA, TERMINAR UMA RELAÇÃO POR E-MAIL OU POR CHAT

—*Salvatore didn't have the balls to say it to my face. He **cyberdumped** me.* • *Salvatore não teve coragem de me dizer na cara. Me deu o fora por chat.*

cybersex subs.
SEXO VIRTUAL

—*Dawson: Have you ever tried **cybersex?** // Margaret: No, that's for perverts. Have you? // Dawson: Erm... No, no, of course not.* • *Dawson: Você já experimentou sexo virtual? // Margaret: Não, isso é pra pervertidos. E você? // Dawson: Eh... Não, não, claro que não.*

MAN, THIS DICTIONARY'S THE DOG'S BOLLOCKS. ▸ CARAMBA, ESTE DICIONÁRIO É O MÁXIMO.

d-boy *subs.*
TRAFICANTE

—*Right, **d-boy**. You're nicked!* • OK, traficante! Você está preso!

damage *subs.*
A CONTA, A FACADA

—*Customer: What's the **damage**? //Barman: $45. //Customer: What? That's a rip-off!* • Cliente: Quanto é a facada? // Garçom: 45 dólares. // Cliente: O quê? Isso é um roubo!

dead *adv.*
SUPER, MUITO, DEMAIS

—*This is **dead** easy.* • Isto é superfácil.

dead beat *adj.*
QUEBRADO, ARREBENTADO, SÓ O PÓ

—*I'm gonna crash. I'm **dead beat**.* • Eu vou pra cama. Tô só o pó.

deck *v.*
DAR UMA SURRA, QUEBRAR A CARA DE ALGUÉM

—*I'm gonna **deck** you!* • Vou quebrar a sua cara!

decks *subs.*
DISCOS, SOM (DE UM DJ)

—*And, on the **decks** tonite... DJ Flash!* • E no som esta noite... DJ Flash!

deep-six *v.*
1 LIVRAR-SE DE ALGUÉM, DAR FIM

—*He **deep-sixed** him. He's pushing up daisies now.* • Se livrou dele. Agora ele tá comendo campim pela raiz.

2 give something the deep-six
JOGAR FORA, LIVRAR-SE DE ALGO

—*Give that shit the **deep-six**!* • Jogue essa merda fora!

deep shit (to be in) *loc.*
ESTAR FERRADO/A, FODIDO/A

—Johnson, you're **in deep shit** now. • Johnson, agora você tá ferrado.

def adj.
DEMAIS, DA HORA

—That's a **def** bike. • Essa moto é da hora.

deface v.
EXCLUIR ALGUÉM DO FACEBOOK

—I **defaced** him. He was a creep anyway. • Excluí ele do meu Facebook. Ele era um imbecil mesmo.

dick subs. vul.
1 PINTO, PÊNIS, PAU

—I've got a big **dick**. • Tenho um pau enorme.

2 IMBECIL, FILHO DA PUTA, IDIOTA, SACANA

—He's such a **dick**! • Ele é um idiota!

OUTRAS PALAVRAS PARECIDAS: DICKHEAD, DIPSTICK, DIV, DIVVY, ETC.

3 **dick around** v.
FAZER-SE DE TONTO/A, DE DESENTENDIDO, DE IDIOTA

—Linus, stop **dicking around**. I need it "by this afternoon". • Linus, para de se fazer de tonto. Preciso disso para esta tarde.

dig v.
CURTIR, GOSTAR

—I really **dig** your music, man. • Curto o seu som na real, cara.

ding interj.
Espécie de grito de vitória nos jogos da internet quando se alcança outra fase.

—sms 1: **Ding!** //sms 2: Wot level? // sms 1: 16. //sms 2: omg. • sms 1: Ele passou de fase! //sms 2: Qual?// sms 1: 16. //sms 2: Caramba!

ding-dong [UK] subs.
BARRACO, CONFUSÃO, BRIGA

—There was a right **ding-dong** down the pub last night. • Houve muita confusão ontem à noite no bar.

DINKS acrôn.
(double income no kids)
Termo para designar casais que moram juntos, trabalham e não têm filhos.

dirty adj.
INDECENTE, FOGOSO/A, EXCITANTE, PORNOGRÁFICO/A
1 **dirty weekend**
FIM DE SEMANA SEXUAL

2 dirty movie
FILME PORNÔ

3 dirty old man
VELHO INDECENTE, SAFADO

Também serve para dar ênfase a alguns adjetivos, principalmente os de tamanho.

—There was this **dirty** big hole. • Havia um baita buraco.

dish [UK] subs.
GOSTOSO/A, GATO/A, ATRAENTE

—Have you seen the bloke in marketing? He's such a **dish**. • Você viu o cara do marketing? Ele é muito gato!

ditch v.
JOGAR FORA, LIVRAR-SE DE ALGUÉM, DAR CABO, DESFAZER-SE DE ALGO

—You really should **ditch** that creep! • Você deveria se livrar desse idiota!

dive [UK] subs.
BIBOCA, ANTRO, PULGUEIRO, ESPELUNCA

—This place is a **dive**. • Este lugar é uma espelunca.

do v.
É um verbo multiuso. Aqui você tem alguns de seus usos informais mais frequentes.

—You've been **done**, mate. • Cara, te sacanearam.

—I don't **do** hard drugs. • Eu não uso drogas pesadas.

—He **does** something to me. • Ele me deixa louca.

—She **does** my head in. • Ela me irrita.

doddle [UK] subs.
FÁCIL, MOLEZA

—This is a **doddle**! • Isso é moleza!

dodgy adj.
SUSPEITO/A, ARRISCADO/A, PERIGOSO/A

—Let's go! This place is **dodgy**. • Vamos dar no pé! Este lugar é suspeito.

dog subs.
BARANGA, TRIBUFU, PESSOA FEIA

—Mary's a **dog**. • Mary é uma baranga.

the dog's bollocks
[UK] loc.
DEMAIS, O MÁXIMO

—Man, this dictionary's **the**

dog's bollocks. • *Caramba, este dicionário é o máximo.*

dole (on the) *loc.*
DESEMPREGADO

—*I've been **on the dole** for 8 years now.* • *Tô desempregado há oito anos.*

dope *subs.*
1 IDIOTA

—*You **dope**! You've ballsed it up again.* • *Idiota! Você estragou tudo outra vez.*

2 MACONHA, ERVA

—*He just sits there smoking **dope** all day.* • *Ele passa o dia aí sentado fumando erva.*

dork [USA] *subs., adj.*
BABACA, IDIOTA, SACANA

—*You're such a **dork**!* • *Você é um baita idiota!*

dosh [UK] *subs.*
GRANA, DINDIM

—*Got any **dosh**?* • *Você tem grana?*

doss *v.*
1 DORMIR DE QUALQUER JEITO (NO SOFÁ, NO COLCHÃO, NO CHÃO), DORMIR NA CASA DE ALGUÉM

—*I'm **dossing** at Kyle's place 2nite.* • *Vou dormir na casa do Kyle esta noite.*

2 **doss around** *v.*
NÃO FAZER NADA EM ESPECIAL

—*What did you do in Paris? // We just **dossed around**.* • *O que vocês fizeram em Paris? // Nada em especial.*

dosser *subs., adj.*
TROUXA, INÚTIL, PÉ-RAPADO

—*He's a right **dosser**.* • *Ele é um trouxa.*

dot-com millionaire *subs.*
MILIONÁRIO PONTO COM
Termo usado para fazer referência a pessoas que se tornaram milionárias por meio da internet. Um claro exemplo é Mark Zuckerberg, fundador do Facebook.

dot-gone *subs.*
Dot-gone é uma empresa da internet que não fez sucesso no mundo do e-business.

—*He lost it all in that **dot-gone**.* • *Ele perdeu tudo naquele fracasso de empresa da internet.*

dough [USA] *subs.*
GRANA, DINDIM, BUFUNFA

—*You got any **dough**?* • *Você tem grana?*

down low *adj.*
TOP SECRET, ULTRASSECRETO

—*OK, dude! It's **down low**!* • *Ok, cara. Isto é top secret!*

downsize *v.*
FACÃO, CORTE DE PESSOAL

—*Right, everbody! Listen up. They're **downsizing** the company.* • *Atenção, todos! Escutem, vai haver corte de pessoal.*

drama queen *subs.*
TEATRAL, DRAMÁTICO/A

—*Don't be such a **drama queen**.* • *Não seja tão dramático.*

drop *v.*
1 QUEBRAR A CARA DE ALGUÉM

—*If he says one more thing, I'm gonna **drop** him!* • *Se ele abrir a boca de novo, eu quebro a cara dele.*

2 GASTAR, TORRAR

—*She **dropped** big dollar on that bling.* • *Ela torrou uma grana naquelas joias.*

3 TOMAR (PRINCIPALMENTE COMPRIMIDOS)

—*She **dropped** an E at the party.* • *Ela tomou bala na festa.*

drop a sprog *loc.*
PARIR

Expressão pejorativa aplicada às mulheres que têm muitos filhos sem planejamento e não conseguem criá-los de forma adequada.

—*I see Tina's **dropped** another **sprog**.* • *Já vi que a Tina pariu de novo.*

drop dead gorgeous *adj.*
GATÍSSIMO/A, GOSTOSO/A, LINDO/A DE MORRER

—*Oh man! Look at that dudette. She's **drop dead gorgeous**.* • *Cara! Olha essa mina. Ela é linda de morrer!*

drop it *expr.*
DEIXA PRA LÁ

dude [USA] *subs.*
CARA, MEU, MANO

—*Wassup, **dude**!* • *E aí, cara?*

dudette [USA] *subs.*
GAROTA, MINA

—***Dudette**! Your so cool!* • *Mina, você é o máximo!*

duff *adj.*

1 O PIOR, PÉSSIMO

—*I'm not coming back to another game. We're so duff.* • *Não volto pra outro jogo. Somos péssimos!*

2 up the duff [UK] *adj.*
GRÁVIDA

—*I see her from next door is up the duff again.* • *Vi que a vizinha tá grávida de novo.*

dump *subs.*

1 ANTRO, PULGUEIRO, ESPELUNCA

—*This place is a dump.* • *Este lugar é uma espelunca.*

2 take a dump *loc. vul.*
CAGAR

—*David's gone to take a dump.* • *David foi cagar.*

3 dump someone *v.*
DAR UM CHUTE, DAR UM BOLO, DAR O FORA, TERMINAR UMA RELAÇÃO

—*Give me a beer. Martha's dumped me again.* • *Me dê uma cerveja. A Martha me deu um fora outra vez.*

3 dump on someone *v.*
CRITICAR, METER O PAU

—*Quit dumping on me you asshole!* • *Para de meter o pau em mim, idiota!*

e *subs.*
ECSTASY, BALA

—*Jay: How are you mate? // Jim: I'm benevolent. I feel like a big, fat Buddha! // Jay: Have you dropped an **e**, mate?* • *Jay: Como vai, cara? // Jim: Me sinto tão bonzinho quanto um Buda enorme! // Jay: Você tomou bala, cara?*

e- *prefixo*

1 e-dress *subs.*
ENDEREÇO DE E-MAIL OU DE WEB

2 e-famous *subs.*
ALGUÉM QUE SE GABA DE SER FAMOSO NA INTERNET

3 e-gret *subs., v.*
LAMENTAR ALGO QUE FEZ NA INTERNET

—*I **e-gret** the day I gave you my e-dress.* • *Eu lamento pelo dia em que eu te dei meu e-mail.*

4 e-loan *subs.*
EMPRÉSTIMO ON-LINE

5 e-love *subs.*
ROMANCE VIRTUAL

6 e-tail *subs.*
SHOPPING OU LOJA ON-LINE

7 e-zine *subs.*
REVISTA ENCONTRADA SOMENTE NA INTERNET

ear worm *subs.*
MÚSICA OU MELODIA HORROROSA, PEGAJOSA

—*I've got an **ear worm** now. I hate the Birdy Song.* • *Não sai da minha cabeça esta maldita música dos passarinhos.*

easy-peasy *adj.*
MOLE, FÁCIL, BICO

—*Don't worry, guys. This is **easy-peasy**.* • *Não se preocupem. Isso aqui é bico.*

eat it, eat shit *expr.*
SEGURA ESSA, TOMA ESSA

—*Yes! **Eat it**! 3-0!* • *Toma! 3 a 0!*
—*UV been owned. **Eat shit**!* • *Acabou com você. Segura essa!*

edge city *loc.*
HISTÉRICO/A, LOUCO/A

—Don't go in there, man. She's in **edge city** this morning. • Não entra ai, cara. Ela tá histérica hoje.

edge it *expr.*
CUIDADO, FICAR ATENTO

—**Edge it!** The pigs are here! • Cuidado! Os tiras estão aqui!

effing *adj., adv.*
MERDA

—The **effing** car won't start. • Essa merda de carro não pega.

eff off *expr.*
QUE SE FODA

egg on *v.*
AGITAR, ANIMAR, INCITAR, PROVOCAR

—We were **egging** him **on**. So, he went and did it. • Ficamos provocando ele, então ele foi e fez isso.

elbow
1 elbow bending *subs.*
ENCHER A CARA, TOMAR TODAS

—Sophie: What are you doing tonight, then? // Roger: A bit of **elbow bending** down the "Dog and Duck". • Sophie: O que vocês vão fazer hoje à noite? // Roger: A gente vai tomar todas no "Dog and Duck".

2 give someone the elbow *loc.*
DAR O FORA, DAR UM CHUTE, TERMINAR COM ALGUÉM

—He's a creep. Why don't you just **give him the elbow**? • Ele é um idiota. Por que você não termina com ele de uma vez?

emo *subs.*
Subcultura surgida em meados dos anos 1980 como um gênero musical que, por causa do conteúdo emocional, foi definido como *emotional hardcore*, posteriormente abreviado como *emo-core*. Os *emo* mantêm uma atitude crítica diante da sociedade, centrada nas emoções de dor, raiva, desgraça, insatisfação etc.

end
1 things your end *loc.*
SUA VIDA, SUAS COISAS, VOCÊ MESMO/A

—How are **things your end**? • Como vão as coisas?

2 get your end away *v.*
TRANSAR, AFOGAR O GANSO, DAR UMA

—**Get your end away** at the weekend? • Transou no fim de semana?

eye up *v.*
COMER COM OS OLHOS

—Look at that hunk. He's **eyeing** you **up**. • Olha que cara delicioso. Ele tá te comendo com os olhos.

CATCH YOU ON THE FLIPSIDE! - A GENTE SE VÊ AMANHÃ!

F

faboo *abrev.*
(fabulous)
DEMAIS, DA HORA

—msn 1: Ding! Level 16. // msn 2: **Faboo!** • msn 1: Passei para o nivel 16! // msn 2: Da hora!

face time *subs.*
CARA A CARA

—Listen, honey. Come on over. We need some **face time**. • Olha, amor, vem para cá que a gente tem que conversar cara a cara.

faff around/about *v.*
FAZER-SE DE BOBO/A

—Stop **faffing around!** • Deixa de se fazer de bobo!

fag *subs.*
1 [UK] CIGARRO

—Got a **fag**, mate? • Você tem um cigarro?

2 [USA] GAY, BICHA *subs. vul.*

—Are you a **fag**? • Você é bicha?

fair-doos *interj.*
TUDO BEM, SEM CRISE

—I'll be a bit late. // OK, **fair-doos**. • Vou me atrasar um pouco. // Ok, sem crise.

fake bake *subs.*
BRONZEADO ARTIFICIAL

—Woman: She's so tacky! Check the **fake bake**. • Mulher: Ela é tão cafona! Olha o bronzeado artificial.

fall on the grenade *loc.*
XAVECAR A FEIA PARA QUE SEU AMIGO FIQUE COM A BONITA

—OK, man. I'm going for that blonde; the good looking one. It's your turn to **fall on the grenade**. • Tudo bem! Eu fico com aquela loira, a bonita. É a sua vez de xavecar a zoada.

fallen off the back of a lorry [UK] *expr.*
ROUBADO, PRODUTO DE FURTO

—Where did you get that new flat screen TV? // It **fell off the back** *of a lorry*, mate. • *De onde você tirou essa televisão de plasma? // Ela é roubada, cara.*

family jewels *subs.*
SACO, COLHÕES, OVOS, BOLAS

—*Footballer: Careful with the **family jewels**, man! It's the big ball you're meant to kick.* • *Jogador de futebol: Ei, cuidado com minhas bolas! É a bola grande que você tem que chutar.*

fanny *subs.*
1 [UK] BUCETA, XOXOTA *vul.*

—*Knob down the disco: Show me your **fanny**, baby! // Girl: Piss off!* • *Babaca na balada: Me mostra a xoxota, gata! // Garota: Vai à merda!*

2 [USA] BUNDA, TRASEIRO

—*Move your **fanny**!* • *Mexe o traseiro!*

FAQS *acrôn.*
(frequently asked questions)
PERGUNTAS FREQUENTES

far out *adj.*
INCRÍVEL, DEMAIS, ALUCINANTE

—*Like, this is so **far out**, man.* • *Tipo, isso é incrível, cara.*

fart *subs., v.*
1 PORRE, BEBEDEIRA

—*A **fart** can ruin your life.* • *Um porre pode arruinar sua vida.*

2 PEIDAR

—*Who **farted**?* • *Quem peidou?*

3 farting terms *subs.*
Fase a que um casal chega quando o grau de intimidade é tão alto que a relação não é afetada pela troca de gases.

—*How's your relationship going? // Great! We're on **farting terms** now.* • *Como vai a relação de vocês? // Excelente! Já soltamos peidos um na frente do outro.*

4 brain fart *subs.*
TRAVAR, BLOQUEIO, BRANCO

—*I had a total **brain fart** when he asked me that question.* • *Travei quando ele me fez aquela pergunta.*

fatty *subs.*
BASEADO GIGANTE

—*Nice! A big **fatty**!* • *Caramba, cara! Maior baseado!*

feel up *v.*
PASSAR A MÃO, METER A MÃO

—*What's wrong? // That prick just **felt** me **up**!* • *O que aconteceu? // Aquele filho da puta passou a mão em mim!*

feel it *v.*
ALUCINAR, CURTIR, ADORAR

—*Oh, man! I **feel it**, I **feel it**!* • *Nossa, cara! Curto muito isso, muito mesmo!*

2 feel it hard *expr.*
TOMA ESSA, AGUENTA ESSA

—*I own U. **Feel it hard**!* • *Ganhei de você. Aguenta essa!*

-fiend
Sufixo acrescentado a um nome para indicar que alguém é fanático por alguma coisa.

—*She's a Star Wars-**fiend**.* • *Ela é fanática por "Guerra nas Estrelas".*

filthy rich *adj.*
PODRE DE RICO/A

—*Rich? He's **filthy rich**!* • *Rico? Ele é podre de rico!*

fink in/out *v.*
TRAPACEAR, TRAIR, ENGANAR, PASSAR A PERNA

—*Johnson: Right, who **finked** me out?* // *Wilson: I dunno!* • *Johnson: Vamos ver, quem me trapaceou?* // *Wilson: Não sei.*

first base *subs.*
BEIJOS, AMASSOS

—*Dennis: Did you get any action at the weekend?* // *Chris: Not much. I just got to **first base**.* • *Dennis: E aí, transou no fim de semana?* // *Chris: Nada, só uns amassos.*

fish market *subs.*
MUITAS MULHERES JUNTAS

—*It's like a **fish market** in here. Is that a hen party?* • *Quanta mulher dando sopa! É uma despedida de solteira?*

fit *adj.*
SEXY, DEMAIS, GOSTOSO/A

—*Have you seen that new bird in accounts? She's **fit**!* • *Você viu a mina nova da contabilidade? Ela é demais!*

fives *expr.*
Esta expressão é usada normalmente para indicar a posse de alguma coisa.

—*Anyone for the last beer?* // ***Fives** on that!* • *Alguém quer a última breja?* // *É minha!*

fix *subs.*
1 DOSE
É usado não só com drogas, mas também com qualquer coisa que seja um vício.

—*I need my **fix** of PS3.* • *Preciso de minha dose de PS3.*

2 ARMAÇÃO

—*Their relationship's a **fix**.* • *O namoro deles é uma armação.*

flash *v., subs.*

1 EXIBIR-SE, MOSTRAR-SE EM PÚBLICO

—*Everybody: Sparky, **flash** your arse! // Sparky: Okey-dokey.* • *Todos: Sparky, mostra a sua bunda! // Sparky: OK.*

2 METIDO/A, EXIBIDO/A

—*Jealous man 1: Look at him in his new car. // Jealous man 2: **Flash** git!* • *Invejoso 1: Olha só ele de carro novo. // Invejoso 2: É mesmo um metido!*

flexitarian *subs.*

(flexible + vegetarian)
Vegetariano/a "light" que em certas ocasiões não tem problemas em comer ovos, produtos lácteos, peixe e inclusive carne.

—*Wanna a tuna and bacon omelette? // Yeah, man! I'm a **flexitarian**!* • *Você quer uma omelete de atum e bacon? // Claro, cara! Sou "flexitariano"!*

flicks (the) [UK] *subs.*

EM CARTAZ, CINEMA, FILME

—*What's on at **the flicks**, mate? // Nothing, just chick flicks.* • *O que está em cartaz, cara? // Nada, só filmes de garotas.*

fling *subs.*

CASO

—*Piss head: Well, I was having a **fling** with that bird from accounts. So, Martha found out. And, well she dumped me. // Barman: Are you talking to me?* • *Bêbado: Bem, eu tinha um caso com uma mina da contabilidade. Então, a Martha ficou sabendo e me deu um pé. // Barman: Você tá falando comigo?*

flip *v.*

ZANGAR-SE, ABORRECER-SE, FICAR PUTO/A

—*Piss head: Well, Martha **flipped** when she found out. // Barman: Here, get this down you.* • *Bêbado: Então, Martha ficou puta quando descobriu. // Barman: Aqui, toma essa.*

flipside (on the)

[USA] *loc., adv.*
AMANHÃ

—*Catch you **on the flipside**.* • *A gente se vê amanhã.*

floor *v.*

1 DAR UMA SURRA, ENCHER DE PORRADA

—*I'm gonna **floor** you!* • *Vou te encher de porrada!*

2 ARRASADO/A, CHOCADO/A, FICAR PRA BAIXO

—*I was **floored** by the devastating news.* • *Fiquei arrasada com as péssimas notícias.*

floss [USA] *v.*
SENTIR-SE, ACHAR-SE

—*Once he got the new car, he couldn't help but **floss**.* • *Desde que comprou o carro, ele tá se achando.*

flow [USA] *subs.*
1 HABILIDADE NA HORA DE FAZER UM RAP, FLOW

—*Kanye West got the **flow**!* • *Kanye West tem o flow!*

2 DINHEIRO, BUFUNFA, GRANA

—*Show me the **flow**.* • *Mostra a grana.*

3 go with the flow *loc.*
FAZER O QUE DECIDEM OS DEMAIS, SEGUIR O FLUXO

—*Bird from accounts: What do you wanna do? // Johnson: I dunno. I'll just **go with the flow**.* • *Garota da contabilidade: O que você quer fazer? // Johnson: Não sei. Vou seguir o fluxo.*

flunk *v.*
BOMBAR, LEVAR PAU

—*Shit! I've **flunked** all my exams.* • *Droga! Bombei em todas as provas.*

flush [UK] *adj.*
CHEIO DA GRANA, ESTAR MONTADO NA GRANA

—*The drinks are on him! He's **flush**.* • *A bebida é por conta dele! Ele tá cheio da grana.*

fly *adj.*
Dependendo do lado do oceano em que você está, tem um significado ou outro; nos Estados Unidos significa "legal", mas na Inglaterra é "chato/a, sem graça".

1 [USA]

—*Brian's a **fly** man.* • *Brian é um cara legal.*

2 [UK]

—*He's a **fly** man. He waltzed off with my drink.* • *Que cara chato! Roubou minha bebida!*

fob off *v.*
ENGANAR, ENROLAR

—*He **fobbed** me **off** with a lame excuse.* • *Ele me enrolou com uma desculpa ridícula.*

food coma *subs.*
MOLEZA DEPOIS DE COMER MUITO

—*We all fell into a **food coma** after lunch.* • *Todos nós ficamos com moleza depois de comer.*

foodie subs.
GOURMAND

—No! No garlic! Everybody knows that! // You're such a **foodie**. • Não! Não coloque alho! Todo mundo sabe disso! // Você está tão gourmand.

fork out v.
DESEMBOLSAR, LIBERAR A GRANA, SOLTAR

—I had to **fork out** $1000 for the ring. • Tive que desembolsar 1.000 dólares pela aliança.

frag v.
LIQUIDAR, ACABAR COM
Termo muito usado para jogos de computador.

—I **fragged** you! lol. • Acabei com você! lol.

freak subs.
FANÁTICO/A, LOUCO/A POR

—He's a music **freak**. • Ele é louco por música.

freak out v.
1 ALUCINAR, NÃO ACREDITAR, PIRAR

—I **freaked out** when I heard my ex was preggers. • Pirei quando fiquei sabendo que minha ex estava grávida.

2 AMEDRONTAR-SE, CAGAR-SE DE MEDO, ASSUSTAR-SE, FICAR COM MEDO

—Let's get out of this dodgy place. It's **freaking** me **out**. • Vamos sair desta espelunca. Estou me cagando de medo.

freeballin' v.
IR SEM CUECA, COM O BICHO SOLTO

—Hey, Jock! Like the kilt! Are you **freeballin'**? • Ei, Jock! Gostei do seu kilt! Você tá com o bicho solto?

fresh adj.
BONITÃO, BACANA

—Look at my new wheels. // **Fresh**, man. Fresh. • Olha o meu carango novo. // Bacana, cara, bacana.

friend with benefits subs.
AMIZADE COLORIDA, ROLO

—Are you two an item? // No, we're just **friends with benefits**. • Vocês são namorados? // Não, a gente só tem uma amizade colorida.

front subs.
DISFARCE, FACHADA

—The fuzz: Right, admit it! The casino's just a **front**, innit? • Policial: Vamos, admita! O cassino é só um disfarce, né?

frottage *subs.*
ENCOXADA, ESFREGAÇÃO

—*Wilson: Did you get past first base?* // *Johnson: Yeah, man. A bit of **frottage**.* • *Wilson: Rolou algo mais além de amassos?* // *Johnson: Sim, cara. Um pouco de esfregação.*

frumpy *adj.*
TRIBUFU, BARANGA

—*If she just made an effort, she wouldn't be so **frumpy**.* • *Se ela fizesse um esforço, não seria tão baranga.*

FTW *acrôn.*
(for the win)
Usado nos jogos de internet ou computador.
PRA GANHAR, IR COM TUDO

FUD *acrôn.*
(fear uncertainty doubt)
CAMPANHA DE DESPRESTÍGIO, ZUM-ZUM-ZUM, DIFAMAÇÃO, ZOAÇÃO, TIRARAÇÃO.

—*That software's OK. Don't believe the **fud**.* • *Esse software é bom. Não acredite no zum-zum-zum.*

fugly *adj.*
(fucking ugly)
MUITO FEIO/A, FEIO/A PRA CARALHO

—*Have you seen that other bird in accounts?* // *Yeah, man. **Fugly**!* • *Você viu a outra mina da contabilidade?* // *Sim, cara. Feia pra caralho!*

fularious *adj.*
(fucking hilarious)
ENGRAÇADO PRA CARALHO

—*Oh, man! That's **fularious**!* • *Cara, isso é engraçado pra caralho!*

full monty *subs.*
UM COMPLETO

—*Landlady: Do you want an English breakfast?* // *Guest: Yes, please. I'll have the **full monty**.* • *Dona da pensão: Você quer o café da manhã inglês?* // *Hóspede: Sim, por favor, um completo.*

fun police *subs.*
DESMANCHA-PRAZERES, PATRULHA MORAL

Existem muitas expressões compostas com o termo **police** que servem para designar pessoas que tentam controlar tudo. Por exemplo: **the fun police**, **the music police** etc.

—*Hey! Get that music off! It sucks ass!* // *The **music police** have arrived!* • *Ei! Tira essa música. É horrível!* // *Já chegou a patrulha musical.*

—*Think you're funny?* // *Oops, the **fun police** are here too.* • *Você se acha engraçado?* // *Opa, o desmancha-prazeres tá aqui também.*

funk button *subs.*
BOTÃO IMAGINÁRIO QUE ATIVA A EUFORIA OU A PAIXÃO

—*That pushed my **funk button**.* • *Isso me deixa louco.*

fuzz (the) *subs.*
POLÍCIA, CANA

—***The fuzz** are here.* • *A polícia está aqui.*

fuzzbuster *subs.*
DETECTOR DE RADAR

—*Wilson: Slow down, man!* // *Johnson: It's Ok. I've got a **fuzzbuster** fitted.* • *Wilson: Vai mais devagar, cara!* // *Johnson: Relaxa, eu tenho um detector de radar.*

fuzzy math(s) *subs.*
ALGO MUITO COMPLEXO E CONFUSO

—*Dave: Got that?* // *Pete: No. It's **fuzzy math** to me.* • *Dave: Entendeu?* // *Pete: Não. Isso é muito complicado pra mim.*

I'M GONNA DO HIM GOOD AND PROPER. • EU VOU DAR A ELE TUDO DO BOM E DO MELHOR.

DO YOU GET IT? • SACOU?

G

G2G *acrôn.*
(got to go)
TENHO QUE IR
Expressão muito usada em chats.

gag for *v.*
MORRER DE VONTADE
—*I'm **gagging** for a fag.* • Tô morrendo de vontade de fumar um cigarro.

game (be) *loc.*
TOPAR, TER VONTADE
—*Bird from accounts: Anybody fancy a pint after work? // Johnson: **I'm game**.* • Garota da contabilidade: Alguém topa uma breja depois do trabalho? // Johnson: Eu topo.

game over *expr.*
ACABOU
—*Piss head: So, Martha found out and it was **game over**.* • Bêbado: Então, a Martha ficou sabendo e acabou tudo.

gammy [UK] *adj.*
RUIM, MAL
—*I can't play tonight. I've got a **gammy** leg.* • Hoje não posso jogar. Minha perna tá mal.

ganja *subs.*
ERVA, MACONHA
—*Got any **ganja** for my bong?* • Alguém tem erva pro meu cachimbo?

gank [USA] *v.*
ROUBAR, AFANAR, PASSAR A MÃO
—*Chas: Where did you get that, then? // Dave: **I ganked** it.* • Chas: Então, onde você conseguiu isso? // Dave: Passei a mão.

gatecrash *v.*
ENTRAR DE PENETRA, BICÃO, FURAR FILA
—*Donald: How did you manage to get an invite? // Scoop: I didn't. I just **gatecrashed**.* • Donald: Como você conseguiu convite? // Scoop: Eu não consegui. Entrei de penetra.

gear *subs.*
TRALHA, BAGUNÇA, COISAS

—Have you seen my fishing **gear**? • Você viu minhas coisas de pesca?

geek subs.
LOUCO/A, ALUCINADO/A, FANÁTICO/A, VICIADO/A, NERD

—Mike: Going out tonight? // Ted: No, I can't, man. I'm playing World Conquest on Facebook tonight. // Mike: **Geek!** • Mike: Você vai sair hoje? // Ted: Não posso, cara, vou jogar World Conquest no Facebook. // Mike: Nerd!

geezer [UK] subs.
1 CARA, GAROTO, MOÇO

—Roger: Who's that **geezer** at the bar? // Kieran: That's Martha's ex. • Roger: Quem é esse cara no bar? // Kieran: É o ex da Martha.

2 diamond geezer [UK] subs.
O CARA, DEMAIS, FODA, CHEFE

—You're a **diamond geezer**, mate! • Você é foda, cara!

AUTÊNTICO, DE BOM CARÁTER, O CARA, GENTE FINA

—What Dave? The **diamond geezer**? • Que Dave? O gente fina?

3 geezer bird [UK] subs.
MACHONA, MULHER-MACHO

—Kieran: Who's that bloke at the bar talking to Martha's ex? // Roger: That's not a bloke, it's a bird. // Kieran: No way! A geezer bird more like. • Kieran: Quem é aquele cara que está falando com o ex da Martha? // Não é um cara, é uma mina. // Não brinca. É uma baita machona!

gel v.
COMBINAR, SIMPATIZAR

—Ok, we're going out for a fag. We'll let those two guys **gel**. • Ok, vamos fumar um cigarro, assim a gente deixa os dois para ver se combinam.

get a grip expr.
TRANQUILO, SUSSA, CONTROLAR-SE

—Hey man! **Get a grip**, will you? • Ei, cara! Controle-se, ok?

get a life expr.
DAR UM RUMO NA VIDA, ARRANJAR O QUE FAZER

—Boy: I'm building my own island in Second Life. // Girlfriend: Second Life? **Get a life!** • Garoto: Estou construindo minha própria ilha no Second Life. // Namorada: Second life? Vai arranjar o que fazer!

get busy loc.
1 DANÇAR, BALANÇAR O ESQUELETO

—DJ: Everybody **get busy** down there! • DJ: Todo mundo balançando o esqueleto aí embaixo!

2 TRANSAR, DAR UMA

—Come on, baby, let's **get busy**. • Vem, gata, vamos transar!

get fitted *v.*
PRODUZIR-SE, MAQUIAR-SE

—I see you **got fitted**. • *Vejo que você se produziu toda.*

get it *v.*
1 ENTENDER, SACAR, PEGAR

—Do you **get it**? • *Sacou?*

2 get it on *loc.*
TRANSAR, DAR UMA

—We were just about to **get it on** when my dad walked in. • *A gente tava quase transando quando meu pai chegou.*

get off *v.*
FICAR EXCITADO/A, LOUCO/A

—Hey, you pervert! Are you **getting off** on this? • *Ei, seu sem-vergonha! Isso te deixa excitado?*

get one's finger out *loc.*
FICAR ESPERTO/A, ACORDAR
A frase completa é "get one's finger out of one's arse", ou seja, literalmente "tirar o dedo do cu".

—The boss: Johnson, **get your finger out**. • *Chefe: Johnson, fica esperto!*

get one's shit together *v.*
PEGAR A TRALHA, COLOCAR EM ORDEM, ORGANIZAR-SE, DAR UM JEITO NA VIDA

—Come on! **Get your shit together.** We're out of here. • *Vamos! Pega sua tralha e vamos embora.*

get real *expr.*
PÔR O PÉ NO CHÃO, ACORDAR PRA VIDA

—**Get real**, dude! • *Acorda pra vida, cara!*

ghetto *subs., adj.*
1 GUETO, BAIRRO POBRE, QUEBRADA

—I was brought up in the **ghetto** and I'm proud of it. • *Eu cresci na quebrada e tenho muito orgulho disso.*

2 FULEIRO, BREGA

—That look is so **ghetto**! • *Esse look é muito brega!*

2 ghetto blaster *subs.*
APARELHO DE SOM

—Who's that asshole with the **ghetto blaster**? Yo! Turn it down now or I'll call the pigs! • *Quem é esse filho da puta com o aparelho de som? Ei! Baixa o volume ou chamo a polícia.*

GHI *acrón.*
(gotta have it)
PRECISAR TER ISSO

—sms 1: New CoD gold on mndy. // sms 2: **GHI**. • sms1: O novo Call of Duty sai na segunda. // sms 2: Preciso ter isso!

gig *subs.*
SHOW, ENCONTRO, APRESENTAÇÃO

—When's your next **gig**? • Quando é a próxima apresentação de vocês?

git [UK] *subs.*
FILHO DA PUTA, IDIOTA

—Move your arse, you **git**! • Mexa-se, idiota!

give lip *v.*
CONTRARIAR

—Don't **give** me **lip** boy or I'll deck you! • Não me contrarie, garoto, ou te dou uma surra!

gladrags *subs.*
MELHOR ROUPA

—Get your **gladrags** on! We're going out on the town. • Ponha sua melhor roupa! A gente vai cair na balada.

glued *adj.*
VICIADO/A, GRUDADO/A

—You just sit their all day **glued** to the telly. Come on, get your finger out and get down the dole office. • Você fica o dia todo grudado na televisão. Vamos, mexa-se, vai até a agência ver se encontra algum trabalho.

go commando *loc.*
IR SEM ROUPA DE BAIXO
Expressão originalmente de uso militar que está na moda entre designers, jornalistas etc.

—Nice kilt, Jock. Are you **going commando**? • Bonito kilt, Jock. Você tá sem cueca?

go juice *subs.*
CAFÉ

—Gimme some more **go juice**, man! • Me traga mais café, cara!

go pear-shaped *loc.*
IR À MERDA, IR POR ÁGUA ABAIXO

—Then Martha walked in and it all **went pear-shaped**. • Então a Martha chegou, e tudo foi por água abaixo.

gob *subs., v.*
1 BOCA, BICO

—Shut your **gob**! • Fecha o bico!

2 CUSPIR, ESCARRAR

—Seeing somebody **gobbing** makes me puke. • Ver alguém escarrando me faz vomitar.

gobshite subs.
LÍNGUA DE TRAPO, MATRACA, PAPUDO

—Shut it you **gobshite!** You talk nothing but crap. • *Fica quieto, seu matraca! Você só diz bobagens!*

go getter subs.
BATALHADOR/A, VIVAZ, DETERMINADO/A

—She's a real **go getter**. • *Ela é uma verdadeira batalhadora.*

good and proper loc.
DO BOM E DO MELHOR

—I'm gonna do him **good and proper**. • *Eu vou dar a ele tudo do bom e do melhor.*

good to go adj.
PRONTO/A, PREPARADO/A

—Wife: You ready? // Husband: **Good to go**, babe. • *Mulher: Você está pronto? // Marido: Sim, já estou, amor.*

goodies (get the) loc.
TRANSAR, DAR UMA

—Did you **get the goodies**? • *Você transou?*

goof around v.
FICAR ENROLANDO, FAZER-SE DE TONTO/A

—Stop **goofing around**. I want this by this afternoon. • *Para de ficar enrolando. Quero isso pronto para esta tarde.*

goof up v.
FAZER UMA CAGADA

—Damn! I **goofed up**. I'm so sorry. • *Droga! Fiz uma cagada. Desculpe!*

goof juice subs.
BEBER, ENCHER A CARA

—Waaashaaap? // Have you been on the **goof juice**? • *E aeeeeeee? // Você andou bebendo?*

google v.
BUSCAR NO GOOGLE, GOOGLEAR

—Where's Kazakhstan? // Dunno. **Google** it. • *Onde fica o Cazaquistão? // Não sei. Googleia.*

goose v.
DAR UM BELISCÃO NA BUNDA

—Johnson's talking to that bird. Go up and **goose** him. • *Johnson tá falando com aquela mina. Chega perto e dá um beliscão na bunda dele.*

gotcha interj.
ACOMPANHAR, ENTENDER, SACAR

—You got that?// Yeah, **I gotcha!** • *Sacou? // Sim, saquei.*

gov' [UK] subs.
CHEFE

—*Ok, **gov'**. I'm nearly there.* • *Ok, chefe. Já está quase lá.*

granny panties subs.
CALÇOLA

—*Oh, no! **Granny panties**. That's such a turn off!* • *Caramba! Calçola! Isso é broxante!*

grass v., subs.
1 ALCAGUETAR, DEDURAR

—*Did you **grass** on me?* • *Você me dedurou?*

2 ERVA, BASEADO

—*I got some **grass**. You got any skins?* • *Tenho erva. Você tem seda?*

gratz abrev.
(**congratulations**)
PARABÉNS, FELICIDADES

—*Blue Baboon: gg. // Green Goblin: **Gratz**!* • *Blue Baboon: Bom jogo. // Green Goblin: Parabéns!*

gravy train subs.
TRABALHO FÁCIL, MAMATA

—*I'm back on the **gravy train**.* • *Tô de volta à mamata.*

grease monkey subs.
MECÂNICO

—*I'm taking my wheels to the **grease monkey**.* • *Tô levando meu carango ao mecânico.*

greasy spoon subs.
Bar ou cafeteria um pouco fuleira e suja, mas com algo de atraente.

—*I'll have to warn you, it's a **greasy spoon** but you'll like it.* • *Tenho que te avisar que o lugar é um pouco fuleiro, mas você vai gostar.*

green adj., subs.
1 INEXPERIENTE, VERDE

—*He's a bit **green** but he'll learn.* • *Ele é um pouco verde, mas vai aprender.*

2 DINDIM, GRANA

—*Show me the **green**.* • *Mostre a grana.*

3 BASEADO, ERVA

—*Hey, I got some **green** for your bong.* • *Ei, tenho um poudo de erva pro seu cachimbo.*

grief v.
ENCHER O SACO, TORRAR A PACIÊNCIA
Este verbo está muito na moda na internet.

—*I've been **griefed** again in Second Life.* • *Me encheram o saco de novo no Second Life.*

grind subs., v.
1 DE VOLTA À LABUTA, DE

VOLTA AO TRABALHO

—*Right, guys! Break's over. Back to the **grind**.* ● *Vamos, pessoal! Acabou a folga. De volta ao trabalho.*

2 ESFORÇAR-SE, TRABALHAR DURO, DAR DURO

—*We **grind** all day and that fat cat gets all the lolly. Life's shit, then you die.* ● *A gente dá duro o dia inteiro e aquele burga leva toda a grana. A vida é muito injusta!*

groggy *adj.*
GROGUE, SONOLENTO, MOLE, MOLENGA

—*Sorry, I'm a bit **groggy** today.* ● *Desculpe, estou meio grogue hoje.*

grounded *adj.*
DE CASTIGO

—*I can't go out tonight. I'm **grounded**.* ● *Não posso sair hoje à noite. Tô de castigo.*

gross [USA] *adj.*
NOJENTO/A

—*Girl: Don't do that! That's **gross**! // Boyfriend picking his nose: Okey-dokey.* ● *Garota: Não faça isso! É nojento! // Namorado tirando catota do nariz: Tá bom.*

grow a set *expr.*
IR EM FRENTE, CRIAR CORAGEM

—*Come on, Johnson. **Grow a set** and tell him to eff off.* ● *Vamos, Johnson. Vai em frente e manda ele se foder.*

grub *subs.*
COMIDA

—*The **grub**'s great in that pub. Wanna go?* ● *O rango é bom nesse bar. Vamos lá?*

guff *v., subs.*
1 SOLTAR UM PEIDO, PUM

—*What's that smell? Who **guffed**?* ● *Que cheiro é esse? Quem soltou um peido?*

2 FEDER A PEIDO

—*What's that **guff**? Who cut one?* ● *Que fedor! Quem peidou?*

3 BOBAGENS, BESTEIRAS, ASNEIRAS

—*You're talking **guff**.* ● *Tá falando bobagem.*

gun (son of a) *loc.*
FILHO DA MÃE
Para evitar dizer "son of a bitch", pode-se substituir "bitch" por "gun".

—*You **son of a gun**. I'm gonna get you!* ● *Filho da mãe, vou te encher de porrada!*

gung-ho *adj.*
ENTUSIASMADO/A, MUITO A FIM DE ALGO

—*Michael and Sarah aren't very **gung-ho** on helping me.* ● *Michael e Sarah não estão muito a fim de me ajudar.*

hacked-off _{adj.}
PUTO/A DA VIDA, BRAVO/A, NERVOSO/A

—Martha's **hacked off**. What happened? • Martha está puta da vida. O que houve?

hair band _{subs.}
Termo usado para fazer referência às bandas de heavy metal dos anos 1980 cujas prioridades eram as cabeleiras e os estridentes solos de guitarra (no melhor dos casos) ou de teclado (no pior): grupos como Mötley Crüe, Poison, Europe, L.A. Guns etc.

hair of the dog _{subs.}
Remédio para combater a ressaca que consiste em voltar a beber.

—Bill: Oh, no! I've got a hangover // John: No problem, mate. What you need is a **hair of the dog**! • Bill: Que ressaca! // John: Não faz mal, cara, o que você precisa é beber mais.

hairy _{adj.}
ESPANTOSO/A, ARREPIANTE

—That was a really **hairy** experience. • Isso foi uma experiência espantosa.

half-assed [USA] _{loc.}
NAS COXAS, DE QUALQUER JEITO, FAZER O TRABALHO COMO A BUNDA, MEIA BOCA

—I'm phoning the workies tomorrow. They've left me with this **half-assed** repair job. • Amanhã vou ligar para os caras do serviço. Fizeram um conserto meia boca.

EM INGLÊS BRITÂNICO SE ESCREVE HALF-ARSED

ham it up _{v.}
EXAGERAR NA REPRESENTAÇÃO

—Actor: There's nothing wrong with **hamming it up** a bit. • Ator: Não tem problema exagerar de vez em quando.

handbags at dawn _{loc.}
BRIGA, DISCUSSÃO, BARRACO, BATE-BOCA

Vem da expressão "pistols at dawn" ("duelos ao amanhecer"). A substituição de "pistols" ("pistolas") por "handbags" ("bolsas") ridiculariza o significado da expressão e lhe dá um caráter pouco sério.

—*A ding-dong? Nah, it was more like **handbags at dawn**.* • *Uma bronca? Não, foi mais um bate-boca.*

handle *subs.*
1 APELIDO

—*My new **handle** is Blue Baboon.* • *Meu novo apelido é Blue Baboon.*

2 love handles *subs.*
GORDURINHAS SEXY, PNEUZINHOS

—***Love handles** turn me on.* • *Pneuzinhos me deixam louco.*

hang out *v.*
PASSAR O TEMPO EM UM LUGAR, FREQUENTAR

—*We used to **hang out** at that pub for a while.* • *Há algum tempo costumávamos frequentar aquele barzinho.*

hanky panky *subs.*
FESTA, SACANAGEM, APRONTAR

—*I'm going out. No **hanky panky** when I'm gone, ok?* • *Tô saindo. Nada de sacanagem enquanto eu estiver fora, hein?*

hard on *subs.*
EXCITADO/A, TER TESÃO POR

—*I've got a **hard on** for you the size of Peru.* • *Tenho o maior tesão por você.*

hard-up *adj.*
SEM GRANA, ZERADO/A, NA PENDURA, DURO

—*I can't splash any cash. I'm **hard-up** at the moment.* • *Não posso gastar nem um centavo. Tô duro no momento.*

hash *subs.*
1 HAXIXE

—*Is that weed or **hash**?* • *É erva ou haxixe?*

2 hash brownies *subs.*
BOLINHOS DE HAXIXE

—*I can make you some **hash brownies** if you don't smoke.* • *Eu posso fazer bolinhos de haxixe se você não fuma.*

haul ass *expr.*
MOVER O TRASEIRO, AS CADEIRAS

—*Come on! **Haul ass!** We're outta here.* • *Vai! Mexa esse traseiro! Vamos dar o fora daqui.*

have kittens *expr.*
PREOCUPADO/A

—Why didn't you call? I was **having kittens**. • Por que você não me ligou? Eu já estava preocupado.

hawk *subs.*
CAMELÔ

—You'll get it cheaper from the **hawks** in the centre. • Você pode conseguir mais barato com os camelôs do centro.

heads are gonna roll *expr.*
CABEÇAS VÃO ROLAR

—That's the third contract we've lost. **Heads are gonna roll**. • É o terceiro contrato que perdemos. Cabeças vão rolar.

heart on *subs.*
Estado de euforia provocado pelo efeito do amor, da paixão ou qualquer coisa que mexa com o coração. Uma espécie de excitação e liberação de adrenalina. Ficar com o coração a mil.

—Baby you give me such a **heart on**. • Meu amor, você deixa meu coração a mil.

heaving *adj.*
LOTADO

—Come on. Let's go. It's **heaving** in here. • Vamos embora, que aqui tá lotado.

heavy *adj.*
1 MARAVILHOSO/A, INCRÍVEL

—You passed? That's **heavy**! • Você passou? Que maravilha!

2 MUITO SÉRIO, GRAVE

—This is a **heavy** situation. I don't know what to do. • Isto é uma situação muito grave. Eu não sei o que fazer.

heebie jeebies *subs.*
MEDO, PAVOR

—Let's get out of here! This place gives me the **heebie jeebies**. • Vamos embora! Este lugar me dá medo.

hell yeah *interj.*
CLARO QUE SIM, OBVIAMENTE

—Another beer? **Hell yeah**! • Outra breja? Claro que sim!

helluva *adv., adj.*
(hell of a)
1 DEMAIS, BAITA

—Mike is a **helluva** nice guy. • Mike é um baita cara legal.

2 Como adjetivo pode ser utilizado para algo positivo ou negativo.

—That's a **helluva** car he's got. • Ele tem um baita carro.

—He has a **helluva** life. • Ele tem uma baita vida.

hen party *subs.*
DESPEDIDA DE SOLTEIRA

—It's like a fish market in here. Is that a **hen party**? • Quanta mulher dando sopa! É uma despedida de solteira?

henpecked *adj.*
MOLENGA, PAU-MANDADO

—He's gonna call her indoors. He's **henpecked**. • Vai ligar para a mulher. Ele é um pau-mandado.

her indoors [UK] *subs.*
A MULHER, A PATROA

—I'm just gonna call **her indoors**. • Vou ligar para minha patroa.

hickey *subs.*
CHUPADA

—Hey! Is that a **hickey** you've got? • Eita! Isso aí é uma chupada?

high *adj.*
1 DROGADO/A, ALTO/A, CHAPADO

—Oh, man! I'm **high**. • Caramba, cara! Tô chapado.

2 high and dry *adj.*
JOGADO/A, NA MÃO

—Where were you? You left me **high and dry**! • Onde você se meteu? Você me deixou na mão!

hip *adj.*
FASHION, DA HORA, O MÁXIMO

—Flares are **hip** now. • Calças boca de sino são fashion agora.

hissy fit *subs.*
DAR UM SHOW, ARMAR O BARRACO

—Johnson's taking another **hissy fit**. • Johnson já está armando um barraco de novo.

hit *subs.*
1 ASSASSINATO

—The head honcho ordered the **hit**. • O chefão deu a ordem de assassinato.

2 TRAGO, BICADA

Gimme a **hit**, man. • Me dá um trago, cara.

hit it *interj.*
1 VAMOS LÁ

—Bruce Springsteen: Ok, Clarence, **hit it**! • Bruce Springsteen: OK, Clarence, vamos lá!

2 SAIR CORRENDO, ÀS PRESSAS, VOANDO

—Bank robber: Come on! **Hit it**! • Ladrão de banco: Vamos embora daqui voando!

hit on *v.*
DAR EM CIMA DE ALGUÉM, CANTAR

—Are you **hitting on me**? • *Você tá dando em cima de mim?*

hit the books *loc.*
METER AS CARAS

—Come on! Let's **hit the books**. • *Vamos lá! Vamos meter as caras!*

hit the door *loc.*
IR EMBORA, DAR NO PÉ

—**Hit the door**, man! • *Vamos dar no pé, cara!*

hit the road *loc.*
IR EMBORA, DAR NO PÉ, DAR O FORA, PUXAR O CARRO

—**Hit the road**, Jack. And, don't you come back no more. • *Dê o fora, Jack, e não volte mais!*

hit the sack *loc.*
IR PARA CAMA, DORMIR

—I went straight home and **hit the sack**. • *Fui direto pra casa e fui pra cama.*

hit the streets *loc.*
DAR AS CARAS, VIR À TONA

—When this news **hits the streets**, we're in deep shit! • *Quando esta notícia vier à tona, estaremos com a corda no pescoço.*

hit the town *loc.*
DAR UM ROLÉ, IR PRA BALADA, CURTIR

—When we got to NYC, we **hit the town** right away. • *Quando chegamos a Nova York a gente já saiu pra curtir.*

ho *subs. vul.*
PROSTITUTA, SEM-VERGONHA, SAFADA

hockey mom *subs.*
aka "soccer mom"
Nos Estados Unidos esses termos definem a mulher de classe média que vive em bairros residenciais e normalmente não trabalha fora de casa. Sua única ocupação é levar os filhos a atividades esportivas, como hóquei, futebol, beisebol etc. ou às aulas de música e idiomas. É a autêntica **Mrs. Average** (dona de casa) do país.

hog *v.*
MONOPOLIZAR

—Hurry up! Stop **hogging** the computer! • *Anda logo! Para de monopolizar o computador!*

hold up *v.*
1 ASSALTAR, ROUBAR

—He got 5 years for **holding up** a bank. • *Ele pegou cinco anos por roubar um banco.*

2 ATRASAR

—We were **held up** by heavy traffic. • A gente se atrasou por causa do trânsito.

hold your horses *expr.*
ESPERAR UM POUCO

—Just **hold your horses**! Let's think about this. • Espera um pouco! Vamos pensar bem.

holla *v.*
LIGAR, DAR UM TOQUE, AVISAR

—If you need anything, just **holla**. • Se você precisar de algo, dê um toque.

homeboy *subs.*
CAMARADA, CARA, AMIGO

—Hey, **homeboy**! Wassup! • Ei, cara! E aí?

honcho *subs.*
CHEFE, LÍDER

—Have some respect, brother! You're talking to the head **honcho** there. • Tenha um pouco de respeito, mano! Você tá falando com o chefe!

hood *subs.*
BAIRRO, ÁREA, PEDAÇO

—I'm going up the **hood** to see my man. • Tô indo pro bairro pra ver um camarada.

hoodie *subs.*
1 MOLETOM COM TOUCA, BLUSÃO COM CAPUZ

—He was wearing a white **hoodie**. • Ele estava usando um blusão branco com capuz.

2 Termo usado para designar um tipo de delinquente comum, porque muitos usam moletom com capuz.

—Don't go down the mall, it's full of **hoodies**. • Não vá ao shopping, está cheio de trombadinhas.

hoodlum *subs.*
BADERNEIRO, BRIGÃO, ENCRENQUEIRO, CAPATAZ, JAGUNÇO, VALENTÃO

—Piss off, you **hoodlum**! • Cai fora, seu valentão!

hook *subs.*

1 A parte mais legal de uma música, que não sai da cabeça; refrão

—Listen to this, the **hook's** coming up. • Escuta isso, vai começar o refrão.

2 CRUZADO

—I hit him with a good left **hook**. • Eu dei nele um belo gancho de esquerda.

3 hooked *adj.*
ENVOLVIDO/A, ALUCINADO/A, VIDRADO/A

—I'm totally **hooked** on season 3. • Estou totalmente vidrado na terceira temporada.

4 hook up with *loc.*
ENCONTRAR, COMBINAR

—Let's **hook up** the next time you're in town. • Vamos nos encontrar da próxima vez que você estiver na cidade.

TRANSAR, DAR UMA

—I **hooked up with** Lisa last night. • Transei com a Lisa ontem à noite.

horny [UK] *adj.*

1 GOSTOSO/A

—She is a **horny** chick. • Ela é muito gostosa.

2 EXCITADO/A

—That dress makes me **horny**. • Aquele vestido me deixa excitado.

hot *adj.*

1 GOSTOSO/A

—Baby, you are **hot**! • Você é muito gostosa!

2 ROUBADO/A

—Be careful, these goods are **hot**. Do you know what I mean? • Cuidado, essas coisas são roubadas. Você sabe do que eu estou falando?

3 LEGAL, DEMAIS

—This place is **hot**, man! • Este lugar é demais, cara!

hot-desking *subs.*

Sistema em escritórios que consiste em compartilhar lugares de trabalho

—No, you don't have a workspace for yourself. You have to share. We have a **hot-desking** policy in this company. • Não, você não tem um local próprio de trabalho. Nesta empresa temos uma política de hot-desking.

hottie *subs.*

GOSTOSO/A

—He's such a **hottie**. • Ele é muito gostoso.

hump *v., subs.*

1 METER

—We got **humped** 6-0! • Meteram 6 a 0 na gente!

h humungous

2 TRANSAR, DAR UMA, METER *vul.*

—We **humped** all night. • *Transamos a noite toda.*

3 BRONCA, ESTAR PUTO/A DA VIDA

—He's got the **hump**. • *Ele tá puto da vida.*

humungous *adj.*
ENORME, IMENSO/A, NERVOSO/A

—I had this **humungous** sandwich for lunch. • *Comi um lanche nervoso no almoço.*

hung up *adj.*
APAIXONADO/A, LOUCO/A POR ALGUÉM, AMARRADO/A, GAMADO/A

—Madonna: I'm **hung up**, I'm hung up on you. • *Madonna: Estou louca, muito louca por você.*

hunk *subs.*
GOSTOSO, DELICIOSO

—Beckham's such a **hunk**! • *O Beckham é delicioso!*

HIT THE PAUSE BUTTON. I'M GOING TO THE JOHN.
DA UMA PAUSA. EU VOU AO BANHEIRO.

ice *subs., v.*

1 DIAMANTES

—Nice **ice**, dudette! • Belos diamantes, mina!

2 METANFETAMINA, META, REBITE

—I need a fix. Got any **ice**? • Preciso tomar alguma coisa, você tem rebite?

3 LIQUIDAR, ELIMINAR
Muito usado em séries ou filmes policiais.

—Detective: What happened to him? // Cop: He got **iced**. • Detetive: O que aconteceu? // Policial: Ele foi liquidado.

ice cold *subs.*

GELADA, BREJA, LOIRA

—Gimme an **ice cold**. • Me dá uma breja.

idiot box *subs.*

TV

—I'm gonna veg out in front of the **idiot box** tonite. • Hoje à noite vou vegetar na frente da TV.

IDK *acrôn.*

(I don't know)

SEI LÁ, NÃO SEI

—sms 1: CU 2nite? // sms 2: **IDK**. • sms 1: A gente se vê hoje à noite? // sms 2: Não sei.

iffy *adj.*

DE MAL ASPECTO, SUSPEITO/A

—Be careful! He looks a bit **iffy**. • Cuidado! Ele parece meio suspeito.

ill *adj., v.*

1 LEGAL, GENIAL

—That's **ill**, dude! • Genial, cara!

2 RELAXAR, FICAR À VONTADE

—Hey! I'm giving you a licence to **ill**, brother. • Ei! Fica à vontade, cara!

I'm friends with that *expr.*

OK, SEM PROBLEMAS, DE ACORDO, TUDO BEM

—Girlfriend: It's over! // Boyfriend: **I'm friends with that**. • Namorada: Tudo terminado! // Namorado: Por mim, tudo bem.

I'm over it *expr.*
JÁ ERA, NÃO TÔ NEM AÍ, FODA-SE

—*Your ex has just walked in.* // ***I'm over it***. • *Sua ex acaba de entrar.* // *Não tô nem ai.*

I'ma [USA] *abrev.*
(I am going to)
VOU

—***I'ma*** *whip your ass!* • *Vou te dar uma bifa!*

IMO *acrôn.*
(in my opinion)
NA MINHA OPINIÃO, PARA MIM, EU ACHO

—*sms 1: The new fcbk?* // *sms 2:* ***IMO*** *gr8.* • *sms 1: E o novo Facebook?* // *sms 2: Na minha opinião, ótimo.*

in bed *expr.*
FAZER NEGÓCIOS JUNTOS, COLABORAR

—*Director: Now that Sony and Sanyo are in bed, we're up against it.* • *Diretor: Agora que a Sony e a Sanyo colaboram uma com a outra, tudo se complica.*

innit? [UK]
(isn't it?)
NÉ?

—*It's cold in here,* ***innit****?* • *Aqui faz frio, né?*

inside job *subs.*
FOGO AMIGO, TRABALHO INTERNO, SABOTAGEM, TRAIRAGEM

—*All the evidence points to an* ***inside job****.* • *Tudo indica que foi trairagem.*

inside man *subs.*
CONTATO

—*Where did you get that info?* // *From my* ***inside man****.* • *De onde você tirou essa informação?* // *Foi o meu contato.*

inter-robbed *adj.*
ROUBADO/A PELA INTERNET

—*I got* ***inter-robbed*** *before I could cancel my cards.* • *Fui roubado pela internet e nem deu tempo de cancelar meus cartões.*

itch for *v.*
MORRER DE VONTADE, NÃO VER A HORA

—*I'm* ***itching for*** *it to happen.* • *Estou morrendo de vontade de que isso aconteça.*

itchy feet *adj.*
INQUIETO/A, IMPACIENTE

—*I'm getting* ***itchy feet****. I need a new challenge.* • *Estou impaciente. Preciso de um novo desafio.*

item *subs.*
CASAL

—*Are you two* ***an item****?* • *Vocês são um casal?*

J

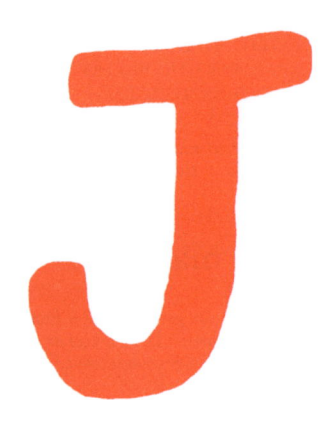

jack *v., subs.*

1 AFANAR, ROUBAR

—*My jacket was **jacked** at the disco.* • Roubaram minha jaqueta na balada.

2 GRANA

—*Got no **jack**, man!* • Não tenho grana, cara.

3 [USA] CIGARRO

—*Got a **jack**, bud?* • Você tem um cigarro, cara?

4 jack in *v.*
DEIXAR, ABANDONAR, DESISTIR

—*I've just **jacked** my job in.* • Acabei de deixar meu trabalho.

5 jack off *v. vul.*
TAGARELAR, PAPEAR

—*Housemate 1: What's Jim doing in there? // Housemate 2: Oh, he's probably **jacking** off again.* • Colega de apartamento 1: O que o Jim está fazendo ali? // Colega de apartamento 2: Deve estar papeando de novo.

6 jack shit *subs.*
NADA, PORRA NENHUMA

—*Hey, meatball! You don't know **jack shit**!* • Ei, cara! Você não sabe nada!

7 jackass *subs.*
IDIOTA, IMBECIL

—*What are you doing, **jackass**?* • O que você tá fazendo, imbecil?

jam *v.*

1 TOCAR MÚSICA IMPROVISANDO, FAZER JAM SESSION

—*They're **jamming** in the bar tonite. Wanna play?* • Vão fazer uma jam session no bar hoje à noite. Quer tocar?

2 ESCUTAR MÚSICA

—*Come over to mine tonite for some **jamming**.* • Venha aqui em casa ouvir música.

3 RELAXAR COM OS AMIGOS, FICAR DE BOA

—*We're just **jamming** tonite at Pete's place. Wanna come?* • A gente vai ficar de boa na casa do Pete hoje à noite. Quer vir?

jammy *adj.*

SORTUDO

—*You **jammy** git!* • Seu filho da puta sortudo!

jet v.
SAIR CORRENDO, VOANDO

—Ok, guys! Let's **jet**. • Vamos gente, vamos sair voando!

J/K acrôn.
(just kidding)
É BRINCADEIRA

—sms 1: FU! // sms 2: **J/K** • sms 1: Vá se ferrar! // sms 2: É brincadeira.

Jock [UK] subs.
1 Termo usado pelos ingleses para se referir aos escoceses.

—Hey, **Jock**! Where's your kilt? • Ei, escocês! Cadê seu kilt?

2 Jock rock subs.
Termo usado para se referir ao rock escocês em geral.

—Teenage Fanclub and two other **Jock rock** bands are in town. • Hoje tocam Teenage Fanclub e outras bandas de rock escocês.

joe sixpack [USA] subs.
É o nome dado ao estereótipo do norte-americano que tem sido comum nas eleições dos últimos anos, um arquétipo de voto flutuante. Refere-se ao norte-americano médio: homem, branco, trabalhador, em geral sem estudo universitário e que é fã não só da cerveja em lata (daí vem seu nome, do pacote de cerveja **sixpack**), mas também das transmissões esportivas.

john [USA] subs.
PRIVADA, BANHEIRO

—Hit the pause button. I'm going to the **john**. • Dá uma pausa. Eu vou ao banheiro.

johnny [UK] subs.
CAMISINHA, PRESERVATIVO

—No **johnny**, no action. • Sem camisinha, sem ação.

joint subs.
1 BASEADO

—Pass the **joint**, dude. You're hogging it. • Passa o baseado, cara, você tá monopolizando.

2 LOCAL, LUGAR, BOTECO

—I really like this **joint**. • Adoro este lugar.

jugs subs. pl.
TETAS, PEITOS

—Look at those **jugs**! They're humungous! • Olha que peitos! São imensos!

HÁ MUITAS PALAVRAS PARA DESIGNAR "PEITOS": BOOBS, HOOTERS, JUBBLIES, MAMS, TITS...

DON'T KNOCK IT IF YOU HAVEN'T TRIED IT. • NAO CRITIQUE SE VOCE NUNCA PROVOU.

K

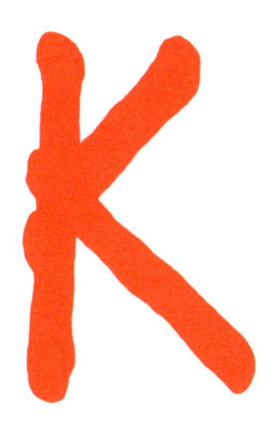

kick off v.
COMEÇAR

—When does the party **kick off**? • Quando começa a festa?

kickin' adj.
MARAVILHOSO/A, GENIAL, DA HORA

—This party is **kickin'**, man. • A festa tá da hora, cara.

kid v.
ZOAR, ESTAR DE SACANAGEM

—I'm just **kidding**. • Tô zoando!

killer, killa adj.
MARAVILHOSO, GENIAL, DA HORA

—That's a **killa** tune. • Essa música é da hora.

kinky adj.
PERVERTIDO/A, SEM-VERGONHA

—I heard he likes it **kinky**. • Me disseram que ele gosta de fazer de um jeito sem-vergonha.

kip [UK] v., subs.
1 DORMIR, PEGAR NO SONO

2 TIRAR UM COCHILO

—I'm gonna have a **kip**. • Vou tirar um cochilo.

3 CAMA

—I'm going to my **kip**. • Vou pra minha cama.

KIT acrôn.
(keep in touch)
A GENTE SE FALA

—sms 1: C U l8a. • sms 2: **KIT** • sms 1: Até logo. // sms 2: A gente se fala.

kit subs.
ROUPA

—Get your **kit** off! • Tire a sua roupa!

klutz adj.
DESAJEITADO/A, DESASTRADO/A

—You **klutz**! You've ballsed it up again. • Seu desastrado! Estragou tudo de novo!

knackered *adj.*
MORTO/A (DE CANSAÇO), ACABADO/A, SÓ O PÓ, O BAGAÇO

—I'm **knackered**. • Tô só o pó.

knob *subs., v.*
1 PINTO, PAU *vul.*

—**Knob** down the disco: Do you wanna see my **knob**? // Girl: Piss off! • Babaca na balada: Você quer ver meu pau? // Garota: Cai fora!

2 IDIOTA, IMBECIL

—You **knob**! What did you do that for? • Seu imbecil! Por que você fez isso?

3 COMER ALGUÉM *vul.*

—Are you **knobbing** that bird from accounts? • Você está comendo aquela mina da contabilidade?

knock *v.*
1 CRITICAR, COLOCAR DEFEITOS

—Don't **knock** it if you haven't tried it. • Não critique se você nunca provou.

2 knock off [UK] *v.*
FALSIFICAR, COPIAR

—I can **knock off** a few copies before it hits the streets. • Posso copiar alguns exemplares antes de sair no mercado.

3 knock up *v.*
ENGRAVIDAR

—I see her from next door is up the duff again. Who **knocked** her **up** this time? • Vejo que a vizinha ali está grávida de novo. Quem foi que engravidou ela desta vez?

knuckle down *v.*
RACHAR, DAR UM DURO, METER AS CARAS

—Johnson, just **knuckle down** and finish the job ASAP. • Johnson, mete as caras e termine esse trabalho o mais rápido possível.

knucklehead *subs.*
TAPADO, IDIOTA, ZÉ-MANÉ

—You **knucklehead**! You always balls it up. • Seu tapado! Sempre estraga tudo.

KTHXBYE *acrôn.*
(ok thanks bye)
"OK, OBRIGADO, TCHAU"

—sms 1: C U soon. // sms 2: **KTHXBYE**. • sms 1: Até logo. // sms 2: Ok, obrigado, tchau.

kudos *subs.*
PARABÉNS, VALEU

—Level 20? **Kudos** 2u. • Você ultrapassou o nível 20? Parabéns.

L

label whore subs.
ESCRAVO/A DAS MARCAS

—Laura: Check my new adidas trainers. // Dakota: You're such a **label whore**! • Laura: Olha meu Adidas novo. // Dakota: Você é uma escrava das marcas!

lad mag subs.
REVISTA PARA HOMENS

—Friend: What's that? // Sue: Oh, it's just one of those **lad mags**. • Amigo: O que é isso? // Sue: Nada, uma dessas revistas para homens.

lads [UK] subs.
AMIGOS, GALERA

—Girlfriend: Where are you going? // Boyfriend: Oh, just out with the **lads**. • Namorada: Aonde você vai? // Namorado: Dar um rolé com a galera.

lame adj.
FULEIRO/A, ESFARRAPADO/A

—That's a **lame** excuse. • Que desculpa mais esfarrapada!

laters [UK] expr.
ATÉ LOGO, TCHAU

—Jim: Right, guys. I'm off. // The guys: **Laters**! • Jim: Bom, galera. Tô indo nessa. // Os amigos: Até logo!

leak (take a) loc.
MIJAR, TIRAR ÁGUA DO JOELHO

—I'm gonna **take a leak** first. • Vou dar uma mijada antes.

leet
O *leet* ou *leet speak* é um tipo de escrita usado na internet que consiste em misturar letras, números e símbolos. Pode ser configurada de várias formas, mas todas têm caracteres muito semelhantes. Por exemplo: 5 em vez de S, 7 em vez de T, 9 em vez de G etc. O *leet speak* é moda entre os 9331<s (*geeks*) e os (-)4xx0rz (*hackers*).

lifer subs.
ALGUÉM QUE TRABALHA COM A MESMA COISA A VIDA TODA

—Is old John still there? // Yeah, he's a **lifer**. • O velho John continua *trabalhando ai? // Sim, ninguém mais tira ele daqui.*

lift *v.*
1 PEGAR, SURPREENDER, DETER

—*I got **lifted** for selling knocked off Guccis.* • *Me pegaram por vender Guccis falsos.*

2 AFANAR, PASSAR A MÃO

—*Who **lifted** my mp3?* • *Quem passou a mão no meu mp3?*

light up *v.*
FUMAR, ACENDER UM CIGARRO

—*You can't **light up** till you're outside the building.* • *Você não pode fumar até sair do prédio.*

like
Muito usado na oralidade, principalmente entre os jovens norte-americanos. Indica dificuldade de se expressar. É como o "tipo" ou "tipo assim" do português.

—*I'm **like**, you can't do that, and he was **like**, are you sure?, so, I'm **like**, yeah!* • *Então eu falei, tipo, você não pode fazer isso, e ele, tipo, você tem certeza? E eu, tipo, claro que sim!*

lip service (pay) *loc.*
DIZER UMA COISA E FAZER OUTRA

—*We will not tolerate governments who only **pay lip service** to this agreement.* • *Não aceitaremos governos que fazem o contrário do que prometem neste acordo.*

LMFAO *acrôn.*
(laughing my fat arse off)
MORRENDO DE DAR RISADA

LMTAO *acrôn.*
(laughing my thin arse off)
MORRENDO DE DAR RISADA

LMAAO *acrôn.*
(laughing my average arse off)
MORRENDO DE DAR RISADA

> Estes acrônimos são usados principalmente em SMS, em chats etc. A forma com que se "parte o traseiro de tanto rir" depende da perspectiva do tamanho do traseiro.

loaf [UK] *subs.*
CÉREBRO, CABEÇA, COCO, MIOLOS

—*Use your **loaf**, mate!* • *Use os miolos, meu!*

LOL *acrôn.*
(laughing out loud)
rs, lol

—sms 1: U R dfcd! // sms 2: **LOL** • sms 1: Deletei você do meu Facebook! // sms 2: rs

loony *subs.*
PIRADO/A, LOUCO/A

—You're a **loony**. You're not coming out with us again! • Você é louco. Você não sai mais com a gente!

loopy *adj.*
PIRADO/A, LOUCO/A DE PEDRA

—This guy's real **loopy**. He's freaking me out. Let's go! • Este cara é louco de pedra. Tá me irritando. Vamos dar no pé.

lousy *adj.*
FULEIRO/A, VAGABUNDO/A

—And all I got was this **lousy** T-shirt. • E tudo o que eu consegui foi esta camiseta fuleira.

lovely jubbly *interj.*
ÓTIMO, GENIAL, PERFEITO

—Julian: Here's an ice cold. // Lindsay: **Lovely jubbly**! • Julian: Aqui tá a sua breja. // Lindsay: Perfeito!

lowdown *subs.*
SEGREDO, TOP SECRET

—Keep this on the **lowdown**. Ok? • Guarde segredo, ok?

low-fi *adj.*
Termo para se referir à música gravada com pouca tecnologia.

—The first album was a **low-fi** classic. But now they've sold out. • O primeiro álbum foi um clássico gravado com baixa qualidade, mas agora já está esgotado.

low-key *adj.*
DISCRETO/A, SIMPLES

—Oh, it's just gonna be a **low-key** celebration. Just family and a few friends. • Vai ser uma festa simples, só a família e alguns amigos.

LYLAB *acrôn.*
(love you like a brother)
GOSTAR COMO UM IRMÃO

—sms 1: I miss U. // sms 2: **LYLAB** • sms 1: Tô com saudades. // sms 2: Gosto de você como um irmão.

LYLAS *acrôn.*
(love you like a sister)
GOSTAR COMO UMA IRMÃ

—sms 1: I miss U. // sms 2: **LYLAS** • sms 1: Tô com saudades. // sms 2: Gosto de você como uma irmã.

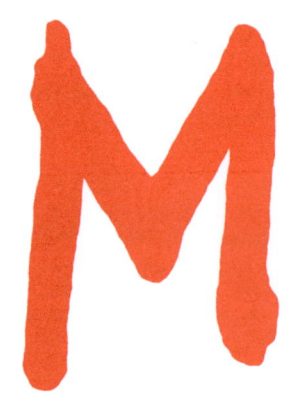

main adj.
PREFERIDO/A

—You're my **main** man! • Você é meu preferido!

make my day expr.
CAI DENTRO, VEM NESSA

—You want a fight? **Make my day**! • Você quer brigar? Cai dentro!

make out v.
TRANSAR, DAR UNS AMASSOS

—Let's **make out**! • Vamos transar!

manky adj.
IMUNDO/A, NOJENTO/A, PODRE

—You've got a **manky** mind. • Você tem uma cabecinha podre.

mardy adj.
RABUGENTO/A, RESMUNGÃO

—She's a **mardy** little cow. • Ela é uma vaquinha rabugenta.

mashed adj.
BEBAÇO/A, CHAPADO/A

—Leave him where he is. He's **mashed**. He'll get over it. • Deixa ele onde está, ele tá chapado. Vai passar.

mate [UK] subs.
CARA, MEU, CAMARADA

—Alright, **mate**? • Tudo bem, cara?

measly adj.
MÍSERO/A, DE MERDA, DE FOME

—I get this **measly** wage and that fat cat's rolling in it. • Eu recebo essse salário de fome e esse burga fica montado na grana.

meatspace subs.
O MUNDO REAL

Nos Estados Unidos, com relação ao mundo virtual, o mundo verdadeiro ou real é conhecido como *meatspace* (literalmente, "espaço de carne").

—I feel way more comfortable in Second Life than in **meatspace**. • Eu me sinto muito mais à vontade no Second Life do que no mundo real.

meaty *adj.*
DE BOA QUALIDADE, MARAVILHOSO/A, DA HORA

—*You'll like this next track. It's really **meaty**.* • Você vai adorar a próxima música. É da hora.

mega *adj.*
SUPER, DA HORA, MUITO LOUCO

—*I'm saving up for a **mega** set of decks.* • Estou juntando grana pra comprar uma supermesa de som.

mental *adj.*
1 LOUCO/A, PIRADO/A

—*You're **mental**!* • Você é pirado!

2 CHATEADO, PUTO/A DA VIDA

—*Martha went **mental** when she found out.* • Martha ficou puta da vida quando descobriu.

3 DA HORA, MUITO LOUCO

—*Great, innit? // **Mental**!* • Genial, né? // Da hora!

mickey-mouse *adj.*
DE ARAQUE, DE MEIA-TIGELA

—***Mickey-mouse** referees are ruining this game.* • Árbitros de meia-tigela estão arruinando o jogo.

military precision
loc. adv.
PRECISÃO CIRÚRGICA

—*He always goes about his business with **military precision**.* • Ele sempre faz as coisas dele com precisão cirúrgica.

minger *subs.*
FEIO/A, CANHÃO, BARANGA

—*This place is full of **mingers**. Let's go!* • Este lugar tá cheio de baranga. Vamos dar o fora!

minted *adj.*
CHEIO DA GRANA, MONTADO NA GRANA

—*The drinks are on me. I'm **minted** this week.* • As brejas são por minha conta. Esta semana tô cheio da grana.

MMORPG *acrôn.*
(massively-multiplaying online role-playing game)
RPG ON-LINE MULTIJOGADOR

—*Little brother: What's WoW? // Big brother: It's "World of Warcraft" and it's a **MMORPG**. Now, could you get out of my room, please?* • Irmão mais novo: O que é WoW? // Irmão mais velho: Significa "World of Warcraft e é um "MMORPG". Agora, desaparece do meu quarto.

mockumentary *subs.*
DOCUMENTÁRIO FALSO

—*"This is Spinal Tap" is a **mockumentary** about the

fictional heavy-metal band Spinal Tap. • "This is Spinal Tap" é um documentário falso sobre a banda de heavy metal fictícia Spinal Tap.

mofo *acrôn.*
(motherfucker)
FILHO DA PUTA

—Right, you **mofo**! Get out of here! • Seu filho da puta, desaparece daqui!

mojo *subs.*
Originalmente **mojo** significava "feitiço", mas atualmente seria traduzido, de acordo com o contexto, como "talento", "inspiração", "autoestima" ou "confiança". Em alguns casos, poderia ser traduzido como "encanto".

—Has he lost his **mojo**? • Ele perdeu o encanto?

monkey (brass) [UK] *adj.*
UM BAITA FRIO, UM FRIO DA PORRA

—It's **brass monkey** weather outside. I'm staying in. • Lá fora tá um baita frio. Vou ficar para dentro.

moon *v.*
FAZER BALEIA BRANCA, FAZER BUNDALELÊ

—Sparky **mooned** them from the passenger window. • Sparky fez baleia branca da janela do banco do passageiro.

motor *subs.*
CARRO, CARANGO

—Hey, I can give you a lift in my **motor**. • Eu posso te dar uma carona no meu carango.

mouth off *v.*
1 DAR COM A LÍNGUA NOS DENTES

—Well, if you keep **mouthing off** all the time, nobody will tell you anything. • Se você continuar dando com a língua nos dentes o tempo todo, ninguém mais vai te contar nada.

1 EXIBIR-SE

—He keeps **mouthing off** about his new car, his new iPhone, his new anything. • Ele continua se exibindo com o carro novo, com o iPhone novo, com qualquer coisa nova.

muck in *v.*
DIVIDIR O TRABALHO, DAR UMA MÃO

—Right, everybody **muck in** and we'll finish this today. • Certo, todo mundo dá uma mão e terminamos tudo isso hoje.

muck out *v.*
LIMPAR A BAGUNÇA, LIMPAR O CHIQUEIRO

—I know it's a bummer but we've got to **muck out** the flat before we leave. • Já sei que é chato, mas a gente tem que *limpar a bagunça do apartamento antes de ir embora.*

muck up *v.*
ESTRAGAR TUDO, FAZER UMA CAGADA

—*I've **mucked it up** again. Damn it!* • *Fiz cagada de novo! Que merda!*

mug *subs.*
BESTA, PALERMA, ESTÚPIDO

—*You **mug**! She's been two-timing you for ages.* • *Como você é estúpido! Ela te chifra faz tempo.*

mull over *v.*
PENSAR BEM, REFLETIR

—*Ok, no hurry. **Mull it over** and give me your answer on Monday.* • *Não tem pressa. Pense bem e me dê uma resposta na segunda.*

mullet *subs.*
Esta palavra se refere ao penteado que durante um tempo foi popular e se caracterizava por ser repicado atrás e mais ou menos curto na frente e nos lados. Também conhecido como *business in the front, party in the back*.

—*Nice **mullet**!* • *Bonito mullet!*

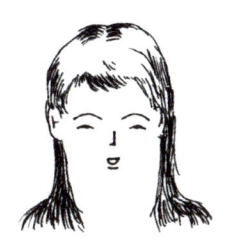

munchies *subs.*
LARICA

—*I've got the **munchies**. What have you got in the fridge?* • *Tô com larica. Tem alguma coisa na geladeira?*

muppet *subs.*
IDIOTA, IMBECIL

—*You **muppet**!* • *Seu imbecil!*

muscle in *v.*
INTROMETER-SE, XERETAR, METER O BEDELHO

—*I was doing OK till he **muscled in** and took her away.* • *Tudo estava bem até que ele se intrometeu e levou ela embora.*

mush *subs.*
FOCINHO, BICO, FUÇA

—*Do you want a smack in the **mush**?* • *Quer levar uma porrada na fuça?*

N

n00b, noob, newbie *subs.*
NOVATO/A (USADO PRINCIPALMENTE PELOS INTERNAUTAS)

—*You've been owned, **n00b**!* • Acabei com você, novato!

naff *adj.*
1 FULEIRO/A, BREGA, FORA DE MODA, CAFONA

—*This game's really **naff**.* • Este jogo é muito brega.

2 naff off *interj.*
VAI SE FERRAR, VAI À MERDA, VAI TE CATAR

—*Knob down the disco: Hello! // Girl: **Naff off**!* • Babaca na balada: Oi! // Garota: Vai te catar!

nancy boy *subs.*
VEADO, GAY

—*Hey, **nancy boy**!* • E aí, veado!

narked *adj.*
CHATEADO/A, PUTO/A DA VIDA

—*What are you so **narked** about?* • Por que você está chateado?

neat [USA] *adj.*
FANTÁSTICO/A, LEGAL, DA HORA

—*It would be **neat** to learn about you.* • Seria da hora ter notícias suas.

nerd *subs.*
FANÁTICO/A, VICIADO/A EM ALGUMA COISA

—*Green Goblin: I've conquered Africa in "World Conquest!" // Girlfriend: You're a **nerd**. And, your name's not Green Goblin, it's John. And you're not a warrior, you're my boyfriend.* • Duende verde: Conquistei a África no "World Conquest"! // Namorada: Você é um nerd. E você não se chama Duende verde, e sim John; além disso, você não é um guerreiro, é meu namorado.

netiquette *subs.*
NETIQUETA
É o nome que se dá às regras de etiqueta na internet para os internautas em seus contatos virtuais.

netizen *subs.*
CIDADÃO/CIDADÃ DA INTERNET

networking *subs.*
FAZER CONTATOS PROFISSIONAIS

—*What's Johnson doing talking to that minger? // He's **networking**... I guess.* • *Por que o Johnson tá falando com aquela baranga? // Ele tá fazendo um contato... eu acho.*

nick *v., subs.*

1 ROUBAR, PASSAR A MÃO

—*Who **nicked** my mp3?* • *Quem roubou o meu mp3?*

2 PEGAR ALGUÉM POR ROUBO

—*You're **nicked**!* • *Pegamos você!*

3 XADREZ, PRISÃO, GRADES

—*Right, sunshine. Let's take you down the **nick**.* • *OK, engraçadinho! Vamos levar você pro xadrez.*

4 ESTADO, CONDIÇÃO

—*It's only had two careful lady owners and it's in good **nick** for its age.* • *Só teve duas proprietárias muito cuidadosas e está em muito bom estado para o tempo que tem.*

nickle-and-dime *adj.*

BARATO/A, PECHINCHA

—*You'll get them cheaper down the **nickle-and-dime** store.* • *Você vai pagar mais barato na loja de pechinchas.*

nifty *adj.*

BACANA, DEMAIS, MUITO LEGAL

—*That's a **nifty** laptop.* • *Este laptop é demais.*

nip *subs.*

MAMILOS

—*Did you see Janet's **nips** on TV last night?* • *Você viu os mamilos da Janet na televisão ontem à noite?*

no brainer *subs.*

OBVIEDADE, ÓBVIO, QUE NÃO EXIGE MUITA INTELIGÊNCIA OU ESPERTEZA

—*Deciding to sign for a club of this size and stature was a **no brainer**.* • *Não precisa ser muito esperto para decidir fechar com um clube tão grande e com tanto nível.*

no can do *expr.*

NADA DISSO, NEM PENSAR, NEM SONHANDO, NEM MORTO, NEM FODENDO

—*Can you phone the school and pretend you're my mum? // **No can do**.* • *Você pode ligar pro colégio e se passar por minha mãe? // Nem pensar.*

no show *subs.*

AUSENTAR-SE, NÃO APARECER, NÃO DAR AS CARAS

—*The guest was a **no show**.* • *O convidado nem deu as caras.*

no way *expr.*

NADA DISSO, NEM PENSAR, NEM SONHANDO, NEM MORTO, NEM FODENDO

—There's **no way** I'm gonna do it. ● Nem morto eu vou fazer isso.

nookie subs.
1 SEXO, DAR UMA

—No **nookie** till you say sorry. ● Nada de sexo até você pedir desculpas.

2 **nookie badge** subs.
CHUPADA, CHUPÃO

—Is that a **nookie badge** on your neck? ● Isso no seu pescoço é um chupão?

nosh [UK] subs.
RANGO, COMIDA, PETISCO

—I'm going to the greasy spoon for some **nosh**. Wanna come? ● Vou até o bar beliscar algo. Quer ir?

not in my book expr.
DO MEU PONTO DE VISTA, ISSO NÃO SE FAZ

—You don't do that! **Not in my book!** ● Isso não se faz! Não do meu ponto de vista!

nowt subs.
NADA

—I don't owe nobody **nowt**. ● Não devo nada a ninguém.

> Em inglês coloquial é muito comum usar duas ou até três partículas negativas na mesma frase, mesmo que gramaticalmente não esteja correto.

NSA acrôn.
(no strings attached)
SEM COMPROMISSO

—sms: fncy a jb? **NSA** ● sms: Quer um trampo? Sem compromisso.

number one subs.
DE SI MESMO

—The first piece of advice is always look after **number one**. ● O primeiro conselho é sempre cuidar antes de você mesmo.

numpty subs.
FILHO DA PUTA, IDIOTA, IMBECIL

—Get out of here, you **numpty**! ● Some daqui, seu imbecil!

nut subs., v.
1 CACHOLA, CABEÇA, MIOLOS

—Use your **nut**, Johnson. ● Usa a cachola, Johnson.

2 DAR UMA CABEÇADA

—Zidane has just **nutted** the Italian. ● Zidane acabou de dar uma cabeçada no italiano.

nutter subs.
LOUCO/A, PIRADO/A

—Your boyfriend's a **nutter**. You know that, don't you? ● Seu namorado é pirado. Você sabe, não sabe?

OD *subs., v.*
(overdose)
1 OVERDOSE

2 ENTUPIR-SE, EMPANTURRAR-SE
—*We **OD**'d on movies last night.* • *A gente se entupiu de filmes ontem à noite.*

odds-on *adj.*
COM CERTEZA, ESTAR CERTO/A
—***Odds-on** I win.* • *Com certeza eu ganho.*

off the hook *adj.*
1 LIVRAR-SE, ESTAR LIMPO
—*Right, Johnson. You're **off the hook**. Some other muppet has owned up to it.* • *Ok, Johnson, você se livrou dessa. Outro idiota assumiu o delito.*
2 [USA] FANTÁSTICO/A, MARAVILHOSO/A, GENIAL, DA HORA
—*The party was **off the hook**.* • *A festa foi da hora.*

okey-dokey *expr.*
OK, CERTO, BELEZA
Versão mais divertida e informal do velho e conhecido OK.
—*Boss: I want it on my desk by this afternoon.* // *Johnson: **Okey-dokey**.* • *Chefe: Quero tudo em cima da minha mesa antes do final da tarde.* // *Johnson: Beleza.*

old school *adj.*
OLD SCHOOL, CLÁSSICO, RETRÔ
—*I can tape it for you.* // *Tape it? Don't you mean burn it? You're so **old school**.* • *Posso gravar uma fita pra você.* // *Fita? Você quis dizer CD, né? Você é muito old school.*

OMG *acrôn.*
(oh my god!)
MEU DEUS!
—*sms 1: $1000 4U.* // *sms 2: **OMG!*** • *sms 1: $1000 pra vc.* // *sms 2: Meu Deus!*

on ice *loc. adv.*
NA GELADEIRA, PARADO/A, NÃO ROLAR (ESTAR)
—*Journalist: What about some European gigs?* // *Jay Z: Well, touring's **on ice** at the mo'.*

• *Jornalista: E shows europeus? // Jay Z: Bom, nada tá rolando por enquanto.*

on the blink *loc. adv.*
QUEBRADO/A, PIFADO/A

—*The telly's **on the blink** again.* • *A televisão tá quebrada outra vez.*

on the cheap *loc. adv.*
DE FORMA BARATA, UMA PECHINCHA

—*Daniel: Where can I get the dough to do all that? // Lee: I know a geezer who can get it done **on the cheap**.* • *Daniel: Onde consigo grana pra fazer isso? // Lee: Eu conheço um cara que pode fazer isso pra você por uma pechincha.*

on the fly *loc. adv.*
ÀS ESCONDIDAS, INFORMALMENTE

—*He's working **on the fly** and still drawing dole money.* • *Ele trabalha às escondidas e continua recebendo o seguro-desemprego.*

on the house *loc. adv.*
POR CONTA DA CASA

—*The drinks are **on the house**.* • *As bebidas são por conta da casa.*

one-cheek bench sneak *subs.*
Peido solto muito discretamente levantando ligeiramente um dos lados do bumbum enquanto se está sentado/a.

oomph *subs.*
DESEJO, VONTADE, ENERGIA, ESFORÇO EXTRA

—*Come on, Johnson! Give it a bit of **oomph**!* • *Vamos, Jonhson! Faça isso com mais vontade!*

out *v., adj.*
1 Dar uma informação pessoal e confidencial contra a vontade da pessoa, provocando com isso a vergonha ou perda de dignidade, *status*, amigos ou dinheiro.

—*They were **outed** as terrorist collaborators on that web page.* • *Na internet, sem nenhuma prova, alguém disse que eles tinham colaborado com terroristas.*

2 FORA DE MODA, POR FORA

—*No, darling! Not that one. That colour is **out** this summer.* • *Não, meu amor! Esse não. Essa cor tá fora de moda neste verão.*

out of order *expr.*
INACEITÁVEL, DAR MANCADA, IR LONGE DEMAIS

—*You called her what? You're **out of order**, mate. Step outside.* • *Você chamou ela do quê? Mancada sua, cara. Pode sair daqui.*

owned *adj.*
DERROTADO, HUMILHADO/A

—*You've been **owned**, n00bie!* • *Você foi pisado, cara!*

own up to *v.*
ADMITIR, RECONHECER, ASSUMIR A BRONCA

—*Johnson, you're off the hook 'cos I **owned up to** it. You owe me a pint.* • *Johnson, você se livrou porque eu assumi a bronca. Você me deve uma breja.*

THAT JOKE ISN'T FUNNY ANYMORE. IT'S SO PLAYED OUT!
• **ESSA PIADA NÃO TEM MAIS GRAÇA. ELA É TÃO VELHA!**

p

patsy *subs.*
1 FANTOCHE

—*I'm no **patsy**. Go take the piss out of somebody else!* • Não sou um fantoche. Vai tirar uma da cara de outro!

2 BODE EXPIATÓRIO

—*Judge: Did you do it? // The accused: No, I was just the **patsy**, your honor. // Judge: I beg your pardon?* • Juiz: Você fez isso? // Acusado: Não, só fui o bode expiatório, senhor. // Juiz: O que disse?

3 COMPLETAMENTE APAIXONADO

—*I am just a **patsy** for your love.* • Estou completamente apaixonado por você.

phat *adj.*
LEGAL, O MÁXIMO, DA HORA

—*Check this **phat** website.* • Olha que site da hora.

phishing *subs.*
Fraude típica da internet. Consiste em convidar os internautas, para acessar a conta bancária on-line, a visitar sites falsos, fazendo com que eles creiam que estão na página original.

phoney *adj.*
FALSO/A, MENTIROSO/A

—*Don't listen to a word he says, he's so **phoney**.* • Não acredite em nada do que ele diz, é um mentiroso.

piece *subs.*
ARMA, CANO, FERRO

—*That's it! I'm gonna whack him. Get me my **piece**.* • Já era! Vou acabar com ele. Me dá o ferro.

pig *subs.*
aka "the pigs"
POLÍCIA, CANA, COXINHA, GAMBÉ

—*Edge it! The **pigs** are here!* • Cuidado! A polícia tá aqui!

HÁ MUITAS PALAVRAS PARA SE REFERIR À POLÍCIA: BACON, FILTH, THE FUZZ...

pig out *v.*
EMPANTURRAR-SE, COMER COMO UM PORCO, ENTUPIR-SE DE COMIDA

—We **pigged out** on pizza last night. • Me entupi de pizza ontem à noite.

pigsty *subs.*
ZONA, CHIQUEIRO

—Get this **pigsty** cleaned up now! • Limpa essa zona agora mesmo!

pimp the system *loc.*
MAMAR NAS TETAS DO GOVERNO

—He's unbelievable. Ten years **pimping the system**. • Ele é inacreditável. Dez anos mamando nas tetas do governo.

piss *v., subs.*
1 MIJAR, TIRAR ÁGUA DO JOELHO

—The pigs caught me **pissing** in the street. • Os gambé me pegaram mijando na rua.

2 MIJADA, MIJÃO

—Hit the pause button. I'm going for a **piss**. • Dá uma pausa. Eu vou dar uma mijada.

piss about/around *v.*
1 TIRAR SARRO, TIRAR UMA COM A CARA DE ALGUÉM

—Are you **pissing** me **around**? • Você tá tirando uma com a minha cara?

2 COÇAR O SACO

—The boss: Johnson! Stop **pissing around**! I said, "by this afternoon", remember? • Chefe: Johnson! Para de coçar o saco! Eu disse "para hoje à tarde", lembra?

piss down *v.*
CHOVER FORTE, TEMPORAL

—It's been **pissing down** since Monday. • Tá caindo o maior temporal desde segunda-feira.

piss head *subs.*
BÊBADO, BEBERRÃO, MANGUACEIRO

—He's always down the pub. He's a **piss head**. • Ele sempre está no boteco, é um beberrão.

piss off *interj.*
VAI À MERDA, CAI FORA

—You mofo! **Piss off**! • Filho da puta! Vai à merda!

pissed *adj.*
1 [USA] PUTO/A DA VIDA

—I'm so **pissed** at you, man! • Tô tão puto com você, cara!

2 [UK] BÊBADO/A

—He can't speak. He's **pissed**. • Ele não pode falar agora. Tá bêbado.

3 pissed off [UK] *adj.*
PUTO/A DA VIDA, DE SACO CHEIO

—I'm so **pissed off** at you! • Tô tão puto com você!

pisser *subs.*
1 QUE SACO

—Working on a Saturday? What a **pisser**! • Trabalhar no sábado? Que saco!

2 BANHEIRO

—Hit the pause button. I'm going to the **pisser**. • Dá uma pausa aí, que eu preciso passar no banheiro.

piss take *subs.*
TIRAÇÃO DE SARRO, ZOAÇÃO

—I can't believe this. It's a **piss take**. • Não acredito nisso! Só pode ser zoação.

piss up *subs.*
BEBEDEIRA, ENCHER A CARA

—Oh, look! Two full kegs! Let's have a **piss up**! • Olha isso! Dois barris cheios! Vamos encher a cara!

pit *subs.*
1 CAMA

—I'm off to my **pit**. • Vou pra cama.

2 ANTRO, POCILGA, ESPELUNCA

—This place is a **pit**. • Este lugar é uma espelunca.

plastered *adj.*
BÊBADO/A

—Oh, man! I can't remember a thing. I was **plastered** last night. • Cara! Não me lembro de nada. Tava muito bêbado ontem.

plastic *subs.*
CARTÃO

—I ain't got no dough on me. You take **plastic**? • Não tenho grana. Você aceita cartão?

play away *v.*
TER UM CASO COM ALGUÉM, ESTAR ENROLADO

—Yeah, she left him. He was **playing away**. • Sim, ela deu um pé nele. Ele tinha um caso com outra.

play hooky *v.*
MATAR AULA, CABULAR

—No wonder you failed. You **played hooky** all year. • Não me surpreendo que você tenha reprovado. Você matou aula o ano inteiro.

played out *adj.*
VELHO/A, DO ARCO-DA-VELHA

—That joke isn't funny anymore. It's so **played out**. • Essa piada não tem mais graça, ela é tão velha.

plumbing *subs.*
ENCANAMENTO
Referência ao aparelho reprodutivo.

—I need to get my **plumbing** seen to soon. • Preciso que deem um trato no meu encanamento logo. .

pokey *subs., adj.*
1 PRISÃO, ATRÁS DAS GRADES

—He spent twenty years in the **pokey** for whacking Big Bill Malone. • Ele passou vinte anos atrás das grades porque arrebentou o Big Bill Malone.

2 PEQUENO/A, APERTADO/A, FULEIRO/A

—Got a room yet? // Yeah, it's a bit **pokey**, but it'll do till the summer. • Você conseguiu um quarto? // Sim, é um pouco apertado, mas serve até o verão.

ponce [UK] *subs.*
FRESCO, JANOTA, ALMOFADINHA

—Hey, you **ponce**! Sit down! • Ei, janota! Sente-se!

pong *subs.*
FEDOR

—What's that **pong**? Did you chuff? • Que fedor é esse? Você peidou?

poof *subs. vul.*
GAY, BICHA

—Gay man 1: Hey, you **poof**! // Gay man 2: Hi darling. Give me a kiss! • Gay 1: Ei, bicha! // Gay 2: Oi, amor. Me dá um beijo!

porkchop *subs.*
HELICÓPTERO DA POLÍCIA

—Get inside! There's a **porkchop** up there. • Entrem! Tem um helicóptero da polícia rodando por aí.

POS *acrôn.*
(piece of shit)
SACANA, SAFADO/A, MERDA

—Game message 1: Eat it! // Game message 2: **POS** • Mensagem do jogo 1: Aguenta essa! // Mensagem do jogo 2: Seu merda!

poser *subs.*
FALSO/A, HIPÓCRITA, QUE SÓ BOTA BANCA DE, TER POSE DE

—He ain't a rapper. He's a **poser**! • Ele não é um rapper. Ele só bota banca!

pot *subs.*
1 MACONHA, ERVA

—I've got my bong but no **pot**. • Tenho aqui o cachimbo, mas não tenho erva.

2 pothead *subs.*
MACONHEIRO/A

—Get your finger out, you **pothead** loser! • Sai daqui, seu fracassado maconheiro!

preggers *adj.*
GRÁVIDA

—I see her from next door is **preggers** again. • Tô vendo que a vizinha tá grávida de novo.

pre-nup *subs.*
CONTRATO PRÉ-NUPCIAL

—Sign a **pre-nup** first. She's a gold digger. • Assine um contrato pré-nupcial primeiro. Ela é uma interesseira.

prick *subs.*
SACANA, FILHO DA PUTA

—Piss off, you **prick**! • Vai à merda, seu sacana!

psycho *subs.*
PIRADO/A, LOUCO/A, PSICOPATA

—You're a **psycho**. Let me out of here! • Você é pirado. Deixa eu ir embora daqui!

pube *subs.*
PELOS PUBIANOS, PENTELHOS

—Irate flatmate: Listen, guys! Clean the shower after you! The sight of **pubes** makes me puke. • Colega de apartamento furiosa: Atenção, pessoal! Limpem o chuveiro depois do banho! Ver pentelhos me faz vomitar.

puke *v.*
VOMITAR

—Flatmate 1: Are you OK in there? // Flatmate 2: No, I just **puked**. • Colega de apartamento 1: Tudo bem aí dentro? // Colega de apartamento 2: Não, acabei de vomitar.

pull *v.*
PEGAR ALGUÉM

—Did you **pull** last night? • Pegou alguém ontem à noite?

pumped *adj.*
ANIMADO/A, EXCITADO/A, NO GÁS

—Coach: Ready? // Captain: I'm **pumped**, boss! • Treinador: Você tá preparado? // Capitão: Estou animado, chefe!

punk [USA] *subs.*
MANÉ, ZÉ ARRUELA

—Listen, you **punk**. I want the scrilla before Friday. • Escuta aqui, seu mané! Quero a grana antes da sexta.

pusher *subs.*
AVIÃOZINHO, TRAFICANTE

—*Neighbour 1: Her from next door's a **pusher**. // Neighbour 2: No way! Neighbour 1: Way!* ● *Vizinho 1: A vizinha da frente é aviãozinho. // Vizinho 2: Sério? // Vizinho 1: Sério!*

pussy *subs. vul.*
VAGINA, XOXOTA, BUCETA

—*Knob down the disco: Hey, Lucy. Show me your **pussy**! // Girl: Naff off, you twat!* ● *Babaca na balada: Ei, Lucy. Me mostra sua buceta! // Garota: Vai à merda, seu cretino!*

quack *subs.*
MÉDICO PICARETA, CARNICEIRO

—Why do you go to that hospital? It's full of **quacks**! // Well, it's next to my house. • Por que você vai a esse hospital? É cheio de médicos picaretas. // Bem, é do lado de casa.

quarter-life crisis *subs.*
Crise entre os 20 e os 30 anos de idade provocada pela obrigação de se tomar decisões importantes.

—James is suffering from a **quarter-life crisis**, but he doesn't know. • James tá na maior crise dos 20, mas ainda não sabe disso.

queen bee *subs.*
A RAINHA DA COCADA PRETA

—My sis is the **queen bee** with her mates at school. She's got her little entourage following her about wherever she goes. Can you believe it? • Minha irmã é a rainha da cocada preta entre as colegas de escola. Um monte de meninas segue ela para todo lado. Você acredita nisso?

queer *adj.*
GAY

—Get me a piña colada. By the way I'm not **queer**. • Me vê uma piña colada. A propósito, eu não sou gay, hein?

quicky *subs.*
UMA RAPIDINHA

—Husband: Time for a **quicky**? I'm so randy. // Wife: No. • Marido: Temos tempo pra uma rapidinha? Tô subindo pelas paredes. // Mulher: Não.

quits *subs. pl.*
EM PAZ, NUMA BOA, ESTAR QUITE COM ALGUÉM

—Dave: That's us **quits**! // Ken: You're bamboozling me, mate. • Dave: Estamos quites. // Ken: Você tá me enrolando, meu.

quote-unquote *loc. adv.*
SUPOSTAMENTE, ENTRE ASPAS

—It was a fix, **quote-unquote**. • Supostamente foi uma armação.

R

ralph *v.*
VOMITAR, CHAMAR O HUGO

—Last night I **ralphed** for ten minutes straight. • Ontem à noite eu vomitei sem parar por dez minutos.

randy *adj.*
EXCITADO/A, SUBINDO PELAS PAREDES

—Wife: Time for a quicky? I'm **randy**! // Husband: No, I have a headache. • Mulher: Vamos dar uma rapidinha? Estou subindo pelas paredes! // Marido: Não, tô com dor de cabeça.

rat *subs.*
1 X-9, CAGUETA, DEDO-DURO

—Give me the name of the **rat**. • Me dá o nome do dedo-duro.

2 CARA DE PAU, SACANA

—Daily News: Love **Rat** Leaves Wife For 20-year-old Bimbo. • Notícias do dia: Cara de pau deixa esposa por garotinha de 20 anos.

rat-arsed *adj.*
BÊBADO/A

—Oh, look! A crate of beer. Let's get **rat-arsed**! • Olha só a quantidade de cerveja! A gente vai ficar muito bêbado!

ratty *adj.*
DE MAU HUMOR, PUTO/A DA VIDA

—What's making you so **ratty** today? • Por que você tá tão puto hoje?

red-eye flight *subs.*
Voo que sai às tantas da madrugada ou muito cedo pela manhã. Recebe este nome porque os passageiros costumam chegar com os olhos vermelhos de sono.

—I'm knackered. I've just had a **red-eye flight**. • Estou morta. Passei a noite toda no avião.

reefer *subs.*
BASEADO

—Stop hogging the **reefer**, man. • Chega de monopolizar o baseado, cara.

retrosexual *subs.*
DESLEIXADO, LARGADÃO
Um homem que gasta o menos possível em sua aparência e com os cuidados físicos; é o contrário do metrossexual.

—*Girl: Splash more cash on your look! I'm not asking you to be George Clooney, but just look decent! // Boy: I told you, I'm a **retrosexual**!* • *Garota: Você tem que investir no seu visual! Não precisa ser igual ao George Clooney, mas pelo menos tem que se cuidar um pouco! // Garoto: Já te falei que sou "largadão"!*

right on *interj.*
ÓTIMO, DA HORA

—*Host: Beers? // The lads: **Right on!*** • *Anfitrião: Breja? // Os amigos: Ótimo!*

ringtone dj *subs.*
O típico chato que sempre está mexendo com os tons do celular.

—*Teacher: Right, who's the **ringtone dj** at the back?* • *Professor: Chega! Quem é o dj de celular aí no fundão?*

rip *v.*
RIPAR, TRANSFORMAR EM MP3
Passar faixas de música de formato CD a mp3.

—*Pass me that CD. I'm gonna **rip** it.* • *Pode me passar o CD, que eu vou ripar ele.*

rip off *v., subs.*
1 TIRAR SARRO, ZOAR, TIRAR UMA COM A CARA DE ALGUÉM

—*You've been **ripped off**, mate!* • *Zoaram com você, cara!*

2 ZOEIRA, TIRAÇÃO DE SARRO, SACANAGEM

—*That's a **rip off**!* • *Que puta sacanagem!*

rock *v.*
1 SER DEMAIS, SER MUITO BOM

—*That **rocks**!* • *Isso é demais!*

2 DIVERTIR-SE MUITO

—*We **rocked** at the gig last night.* • *A gente se divertiu muito no show, ontem à noite.*

rock on *interj.*
MUITO LEGAL, DA HORA

—*sms 1: Ding! LVL 16. // sms 2: **RCK on!*** • *sms 1: Nível 16! // sms 2: Da hora!*

rock out *v.*
FICAR LOUCO/A DANÇANDO, TOCANDO OU ESCUTANDO MÚSICA

—*What a gig! They really **rocked out**.* • *Que puta show! Eles enlouqueceram todo mundo!*

ROFL *acrôn.*
(rolling on the floor laughing)
RS, ROFL, LOL

roll up, skin up *v.*
BOLAR UM BASEADO, ENROLAR

—*Got any skins? I wanna **roll up**.* • *Você tem seda? Quero bolar um baseado.*

rollin' *adj.*
APAGADO/A, EM OUTRO PLANETA, PRA LÁ DE BAGDÁ

—*Leave him lying there. He's **rollin'**.* • *Deixa ele aí deitado, que ele tá para lá de Bagdá.*

root for *v.*
ANIMAR, APOIAR, TORCER

—*I'll be **rooting for** Liverpool in the final.* • *Vou torcer pro Liverpool na final.*

RPG *acrôn.*
(role-playing game)
RPG

—*"Dungeons and Dragons" is one of the oldest **RPGs**.* • *"Dungeons and Dragons" é um dos RPGs mais antigos.*

rubber [USA] *subs.*
1 PRESERVATIVO, CAMISINHA

—*No **rubber**, no action.* • *Sem camisinha, sem ação.*

2 rubber bus *subs.*
LINHA NOTURNA DE ÔNIBUS, CORUJÃO

—*Will we get a taxi home? // No, the **rubber bus** will be along in a minute.* • *Vamos de táxi pra casa? // Não, o corujão vai passar daqui a pouco.*

3 rubber check *subs.*
BORRACHUDO, CHEQUE SEM FUNDO

—*If you've no dough, I'm not accepting any of your **rubber checks**.* • *Se não tem grana, não vou aceitar nenhum borrachudo.*

run-of-the-mill *adj.*
NORMAL, COMUM

—I'm just a **run-of-the-mill** kind of guy. • *Sou apenas um cara normal.*

rust bucket *subs.*
CARRO VELHO, LATA VELHA, CARANGO

—*If you think I'm gonna get in that **rust bucket**, you are very much mistaken.* • *Se você acha que eu vou entrar nesta lata velha, tá muito enganado.*

sack *subs.*
CAMA

—*I'm gonna hit the sack.* • *Eu vou pra cama.*

sad *adj.*
TROUXA

—*Blue Baboon: I've conquered Europe in "World Conquest"! // Girlfriend: You're sad.* • *Babuíno azul: Conquistei a Europa no "World Conquest"! // Namorada: Você é trouxa!*

saddo *subs.*
TROUXA

—*Blue Baboon: I'm going to invade Africa in "World Conquest" now! // Girlfriend: Saddo!* • *Babuíno azul: Agora vou invadir a África no "World Conquest"! // Namorada: Você é trouxa!*

sap *subs.*
PALERMA

—*You sap!* • *Você é um palerma!*

sauce *subs.*
1 ÁLCOOL, BEBIDA

—*Been on the sauce again? Come on, you piss head. I'll get you a taxi.* • *Você andou bebendo de novo? Vamos, bêbado! Vou chamar um táxi pra você!*

2 **sauced** *adj.*
BÊBADO/A, TRAVADO/A

—*Barman: I think it's time you went home. You're sauced.* • *Barman: Acho que já é hora de você ir para casa. Você está bêbado.*

saucy *adj.*
SEXY, GATO/A, GOSTOSO/A

—*Have you seen that saucy bird in accounts?* • *Você viu aquela gostosa da contabilidade?*

sausage fest *subs.*
Uma **sausage fest** é quando vários homens se juntam em um lugar. A origem da expressão não é difícil de supor.

—*Oh, no! Stag party alert! This is gonna be a sausage fest.* • *Ai, não! Alarme de despedida de solteiro! Isso vai ser um festival de salsichas!*

scene *subs.*
CENA, CENÁRIO

—*I'm not really into this indie **scene**.* • *Não participo de verdade da cena indie.*

school of hard knocks *subs.*
ESCOLA DA VIDA

—*They don't tell you that at your uni. I learnt that from the **school of hard knocks**.* • *Não te ensinam isso na sua universidade. Eu aprendi isso na escola da vida.*

scoff *v.*
DEVORAR, ENGOLIR, MATAR

—*Hey! You've **scoffed** the lot.* • *Ei, você devorou tudo!*

score *v.*
1 COMPRAR UM BASEADO

—*I'm going up the hood. I need to **score**.* • *Vou dar uma volta no bairro. Preciso comprar um baseado.*

2 PEGAR ALGUÉM

—*Did you **score** last night?* • *Você pegou alguém ontem à noite?*

scrap *v., subs.*
1 BRIGAR

—*Right, you two! Stop **scrapping** and get to bed.* • *Ei, vocês dois! Parem de brigar e vão já pra cama!*

2 CONFUSÃO, ROLO

—*There was a right **scrap** down the kebab shop last night.* • *Houve uma baita confusão na loja de kebab ontem à noite.*

screw *v.*
1 FERRAR ALGUÉM

—*Are you trying to **screw** me?* • *Você tá tentando me ferrar?*

2 TRANSAR, DAR UMA *vul.*

—*Wanna **screw**?* • *Quer dar uma?*

3 screw up *v.*
CAGAR, ESTRAGAR

—*Sorry, I **screwed up**.* • *Desculpe! Estraguei tudo!*

scrummy *adj.*
DEMAIS, DELICIOSO/A

—*Mary: Fancy some cake? // Mark: **Scrummy**!* • *Mary: Você quer bolo? // Mark: Delicioso!*

scumbag *subs.*
SACANA, DESGRAÇADO/A, FILHO DA PUTA

—*You **scumbag**!* • *Você é um filho da puta!*

seal the deal *loc.*
FECHAR NEGÓCIO

—*Pass by the bar tonite and we'll **seal the deal**.* • *Passe no bar à noite e fechamos negócio.*

search engine subs.
BUSCADOR DE INTERNET

—Do you know any good **search engines**? • Você conhece um bom buscador de internet?

sell out v.
VENDER-SE

—*Journalist: The new album goes against what you've done in the past and has a blatantly commercial sound. Won't the fans think you are **selling out**?* • Jornalista: O novo álbum é muito diferente do que vocês fizeram anteriormente e tem um som claramente mais comercial. Os fãs não vão pensar que vocês se venderam?

sexcellent adj.
ORGÁSTICO/A, DIVINO/A, FANTÁSTICO/A

—*This chocolate cake is **sexcellent**!* • Este bolo de chocolate é orgástico!

shack up v.
JUNTAR OS TRAPOS, IR VIVER JUNTO COM ALGUÉM

—*I heard Kenny's **shacked up** with that bird.* • Me disseram que o Kenny juntou os trapos com aquela garota.

shades subs. pl.
ÓCULOS DE SOL, ÓCULOS ESCUROS

—*Like the **shades**, man! Are they Ray-Bans?* • Da hora seus óculos escuros, cara! São Ray-Ban?

shady adj.
1 SUPEITO/A, ESTRANHO/A

—*She's a **shady** lady.* • Ela é uma mulher estranha.

2 RESERVADO/A, INTROVERTIDO/A, TÍMIDO/A

—*Don't be so **shady**. Come in.* • Não seja tão tímido. Entre.

shaft v., subs.
1 JUDIAR DE ALGUÉM, TRATAR MAL

—*This company's **shafting** us!* • Esta empresa tá judiando da gente!

2 TRAÇAR, COMER, PEGAR ALGUÉM vul.

—*Are you **shafting** that bird from the pub?* • Você tá traçando aquela mina do bar?

3 PINTÃO vul.

—*Twat down the disco: Look at my big **shaft**! // Girl: Naff off!* • Cretino na balada: Olha o meu pintão! // Garota: Vai à merda!

shag v. vul.
1 TRANSAR, DAR UMA

—*Wanna **shag**?* • Quer transar?

2 **shagged out** adj.
SÓ O PÓ, CANSADO/A, ACABADO/A

—*Going down the pub, mate? // Nah, I'm **shagged out**!* • Bora pro bar, cara? // Não, tô só o pó.

shark *subs.*

1 LADRÃO, VIGARISTA
—*Don't buy it from them. They're **sharks**.* • *Não compre nada deles. São uns ladrões.*

2 GENIAL, DEMAIS, CRAQUE
—*Be careful before you put your money on the table. He's a pool **shark**.* • *Fica esperto se for apostar. Ele é um craque no bilhar.*

shattered *adj.*
SÓ O PÓ, MORTO/A, ESGOTADO/A
—*I'm staying in. I'm **shattered**.* • *Vou ficar por aqui. Estou só o pó.*

shebang (the whole) *subs.*
ABSOLUTAMENTE TUDO
—*Detective Sergeant: How much do you wanna know, sir? // Detective Inspector: **The whole shebang**, my son.* • *Sargento: O que o senhor quer saber? // Inspetor: Absolutamente tudo, filho.*

sheeple *subs.*
MARIA VAI COM AS OUTRAS
—*The problem with this country is that it's full of **sheeple**.* • *O problema deste país é que está cheio de maria vai com as outras.*

shit *subs.*
1 MERDA, BOSTA, DROGA
—***Shit**! I lost again.* • *Droga! Perdi de novo.*

2 COISAS, TRALHAS, PERTENCES, MERDAS
—*Have you seen my **shit**?* • *Você viu as minhas coisas?*

3 full of shit *loc.*
BOBAGENS, BESTEIRAS
—*Johnson, you're **full of shit**.* • *Johnson, você só diz bobagens.*

4 when the shit hits the fan *expr.*
QUANDO A MERDA BATER NO VENTILADOR
—***When the shit hits the fan**, I'll take the blame.* • *Quando a merda bater no ventilador eu assumo a culpa.*

5 shit-hot *adj.*
DA HORA, MARAVILHOSO/A
—*Have you tried "World Conquest" on Facebook? It's **shit-hot**!* • *Você já experimentou jogar o "World Conquest" no Facebook? É da hora!*

6 shit happens *expr.*
MERDA ACONTECE
—*I got a punch in the face for ordering a piña colada in that boozer. // **Shit happens**.* • *Eu levei uma porrada na cara por pedir uma piña colada naquele boteco. // Merda acontece.*

shop *v.*
DEDURAR, CAGUETAR
—*Who **shopped** me?* • *Quem me dedurou?*

shove it up your arse *expr. vul.*
ENFIA NO CU

—*Johnson:* **Shove** *your job* **up your arse!** • *Johnson: Enfia seu trabalho no cu.*

silent but violent *adj.*
UM PEIDO QUE NÃO SE OUVE, MAS SE SENTE

—*Oh, no! Who was that?* **Silent but violent**. *Open a window!* • *Merda! Quem foi? Não fez barulho, mas sente só esse cheiro. Alguém abre a janela!*

sista *subs.*
MULHER NEGRA, IRMÃ

—*Yo,* **sista!** • *E aí, irmã!*

sixpack *subs.*
BARRIGA DE TANQUINHO, MALHADO
Um abdômen malhado é chamado assim por ser similar a um pacote de seis cervejas.

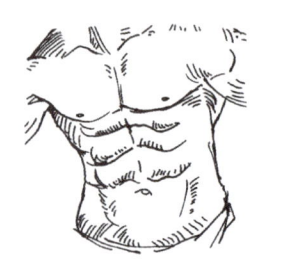

sketchy *adj.*
POUCO CLARO/A, COM POUCOS DETALHES

—*Detective sergeant: Right, I want the whole story.* // *Suspect: It's all a bit* **sketchy**, *I'm afraid.* • *Sargento: Bem, quero saber toda a história.* // *Suspeito: Acho que não está muito clara.*

skin *subs.*
1 PAPEL DE BASEADO, SEDA

—*Got any* **skins**, *mate?* • *Você tem seda, cara?*

2 CARECA, SKIN, SKINHEAD

—*He got beaten up by a bunch of* **skins**. • *Ele tomtou uma surra de um bando de skins.*

skinny-dipping (go) *loc.*
NADAR PELADO/A

—*It was great! We all went* **skinny-dipping** *at midnight.* • *Foi da hora! À meia-noite todo mundo nadou pelado.*

skint *adj.*
LISO/A, SEM UM TOSTÃO, DURO/A

—*Going out tonight?* // *I can't. I'm* **skint**. • *Você vai sair hoje à noite?* // *Não posso, tô sem um tostão.*

slag off *v.*
FALAR MAL DOS OUTROS, METER A BOCA

—*Husband: Darling, you're always* **slagging off** *other women.* //

Wife: No, I'm not. • *Marido: Amor, você sempre tá falando mal de outras mulheres. // Mulher: Não estou.*

slam *v.*

1 METER O PAU, FALAR MAL

—*The book was **slammed**.* • *Meteram o pau no livro.*

2 TRANSAR, DAR UMA, COMER ALGUÉM *vul.*

—*See her? I **slammed** her last week. // You're so full of shit!* • *Tá vendo ela? Comi na semana passada. // Você só fala bobagem!*

slammer *subs.*

PRISÃO, CANA

—*Don't do it! You'll get twenty years in the **slammer** for whacking him.* • *Não faça isso! Você pode ficar vinte anos em cana se arrebentar ele.*

slapper *subs.*

SAFADA, PUTA, SEM-VERGONHA

—*Wife: Serena's just a **slapper**! // Husband: You're such a bitch.* • *Mulher: Serena é uma sem-vergonha! // Marido: Como você é vadia.*

SÃO MUITAS AS PALAVRAS USADAS PARA DENOMINAR (METAFORICAMENTE OU NÃO) A PROFISSÃO MAIS ANTIGA DO MUNDO: SKANK, SLAG, SLUT, WORKING GIRL, HOOKER...

slash *subs.*

MIJADA

—*I'm going for a **slash**.* • *Vou dar uma mijada.*

sleazy *adj.*

PERVERTIDO/A, OBSCENO/A, SEM-VERGONHA

—*Get away from me you **sleazy** git!* • *Me larga, seu sem-vergonha!*

slick *adj.*

SUPERLEGAL, DA HORA

—*That is a **slick** set of decks!* • *Essa mesa de som é da hora!*

slog *subs.*

PAULADA, DURO, TRABALHO

—*This is a hard **slog**.* • *Esse trabalho é muito duro.*

smack *subs.*

HEROÍNA

—*He's back on the **smack** again.* • *Ele tá usando heroína de novo.*

smarmy git *subs.*

CONVENCIDO/A, EXIBIDO/A

—*He's showing off his car keys again. // **Smarmy git**!* • *Ele tá desfilando com as chaves do carro outra vez. // Exibido!*

smirt v.
(smoke + flirt)
Sair de uma balada onde é proibido fumar para acender um cigarro e aproveitar para paquerar outros fumantes.

—*I'm going to smirt.* • *Vou fumar e aproveitar pra dar uma paquerada.*

smitten adj.
LOUCO/A, ALUCINADO/A

—*After a few dates Mark was totally smitten with Almu.* • *Depois de alguns encontros, Mark estava totalmente louco por Almu.*

SMS acrôn.
(short message service)
A comunicação por meio do sms criou um tipo de escrita especial, na qual letras e números substituem as palavras:

b = be
8 = ate (parte das palavras "great", "late" etc.)
c = see (ver)
4 = for (durante, para)
r = are (são, estão)
2 = to/too (para, também)
u = you (você/s)
y = why (por quê?)
n = and (e)

A combinação destes elementos permite a criação de frases como:

ur l8 = you are late
cu l8r = see you later
ru in = are you in?
y r u l8 = why are you late?
b4 9 = before nine
gr8 m8 = great mate!

Outra característica é que algumas letras, principalmente as vogais, assim como a pontuação, desaparecem para economizar a mensagem:

facebook = fcbk
message = msg
please = plz
thanks = thx
text = txt
back = bck
thanks for your message = thx 4 ur msg

Além disso, partes de palavras, como **-orr** e **-ause**, se transformam em **-oz**:

sorry = soz
because = coz

São comuns também os acrônimos:

idk = I don't know
ttyl = talk to you later
btw = by the way

SNAFU *acrôn.*
(situation normal, all fucked-up)
ZONA, BAGUNÇA

snog *v.*
DAR UM AMASSO

—I saw you **snogging** that bloke from up the road. • *Eu vi você no maior amasso com aquele cara da periferia.*

snot *subs.*
CATARRO, CATOTA

—Blow your nose! You've got **snot** running down. • *Vai limpar o nariz! Tá cheio de catarro.*

snuff *v.*
MORRER, BATER AS BOTAS

—Is he still alive? // Nah, he **snuffed** it years ago. • *Ele ainda tá vivo? // Não, bateu as botas há anos.*

so over *loc.*
TERMINADÍSSIMO/A

—I'm **so over** you. Go away! • *Nossa história tá terminadíssima. Vai embora!*

so yesterday *loc.*
FORA DE MODA

—That joke is **so yesterday**. • *Essa piada é tão fora de moda.*

SOB *acrôn.*
(son of a bitch)
FILHO DA PUTA

—gamer 1: You've been owned! // gamer 2: **SOB** • *Jogador 1: Ganhei! // Jogador 2: Filho da puta.*

solid *adj.*
DA HORA, GENIAL, MARAVILHOSO/A

—Boss: Can I trust him? // Worker: Yeah, he's **solid**. • *Chefe: Posso confiar nele? // Funcionário: Sim, ele é genial.*

space cadet *subs.*
DISTRAÍDO/A, QUE VIAJA NA MAIONESE, QUE VIVE NAS NUVENS

—He's a **space cadet**! • *Ele vive nas nuvens!*

spaced out *adj.*
1 DISTRAÍDO/A, NO MUNDO DA LUA

—What's wrong with you today? You're **spaced out**. • *O que está acontecendo com você hoje? Você tá no mundo da lua.*

2 CHAPADO/A (POR ÁLCOOL OU DROGA)

—Take him home. He's **spaced out**, man. • *Leva ele pra casa, ele tá chapado, cara.*

spike v.
PÔR ÁLCOOL OU DROGA EM UMA BEBIDA, BATIZAR

—James Bond: You've **spiked** my drink. // Bond girl: Goodnight, James. • James Bond: Você batizou a minha bebida. // Bond girl: Boa noite, James.

spin v.
1 MENTIR, INVENTAR HISTÓRIA

—Are you **spinning** again? • Você tá mentindo de novo?

2 DISCOTECAR

—And, **spinning** on the wheels of steel… DJ Flash! • E discotecando, nas picapes… DJ Flash!

3 EXAGERAR OU DISTORCER UMA NOTÍCIA

Termo muito usado entre profissionais de jornalismo, marketing, publicidade etc.

4 UMA VOLTA DE CARRO, UM ROLÊ

—Fancy a **spin** in my new motor? • Que tal uma volta no meu carango novo?

splash the cash expr.
TORRAR DINHEIRO, LIBERAR A GRANA

—I've just **splashed the cash** for my girlfriend's birthday. • Acabei de liberar a grana para o aniversário da minha namorada.

spliff subs.
1 BASEADO

—Fancy a **spliff**? • Aceita um baseado?

2 spliff up v.
FUMAR UM BASEADO

—Here's a skin. **Spliff up**. • Pega aí um papel. Vamos fumar um baseado.

spot on adj.
PERFEITO/A, EXATO/A

—Is that OK? // **Spot on**! • Está certo? // Perfeito!

square subs.
1 UM PORRE, CHATO, QUADRADO

—You're such a **square**! • Você é tão chato!

2 [USA] CIGARRO

—Bum me a **square**, man. • Me dá um cigarro, cara.

squeeze subs.
AMIZADE COLORIDA, ROLO

—Are you two an item? // No, he's just my latest **squeeze**. • Vocês são namorados? // Não, ele só é o meu amigo colorido mais recente.

stag party *subs.*
DESPEDIDA DE SOLTEIRO

—*Sausage alert! Here comes the **stag party**.* • *Alarme de salsicha! Lá vem a despedida de solteiro.*

steaming *adj.*
BÊBADO/A, CHAPADO/A

—*Barman: I can't serve you any more drink, mate. You're **steaming**. Go home.* • *Barman: Não posso te servir mais nenhuma bebida, amigo. Você tá muito bêbado. Vai pra casa!*

step (it) up *v.*
DAR UM GÁS, CORRER

—*Come on, guys! **Step it up**. Two hours till the deadline.* • *Vamos, pessoal! Vamos dar um gás. Duas horas pro fim do prazo.*

stingy *adj.*
MÃO DE VACA, MUQUIRANA, MESQUINHO/A, AVARENTO/A

—*Splash the cash, you **stingy** git!* • *Solta a grana, mão de vaca!*

stitch up *loc. v.*
PASSAR A PERNA, SACANEAR

—*He gave me 10, I gave him 2, then he gave his 2 to her.* // *Lovely jubbly. You really **stitched** him **up** this time.* • *Ele me deu 10, eu devolvi para ele 2 e ele deu 2 para ela.* // *Genial. Você realmente passou a perna nele desta vez.*

stoned *adj.*
CHAPADO/A, DROGADO/A, EMACONHADO/A, BRISADO/A

—*Step out of the car, sir. You look a bit **stoned**.* • *Saia do carro, por favor! Parece que o senhor está um pouco drogado.*

stoner *subs.*
MACONHEIRO/A

—*Get a life, you **stoner**!* • *Vai procurar algo pra fazer da vida, seu maconheiro!*

stonking *adv.*
BAITA, MUITO, MEGA

—*And there was this **stonking** great big hole in the road.* • *E tinha um baita buraco na estrada.*

straight *adj.*
1 HÉTERO

—*Are you **straight** or are you gay?* • *Você é hétero ou gay?*

2 ANDAR NA LINHA

—*Doctor: How long have you been **straight**?* // *Ex junkie: About 3 months now.* • *Médico: Há quanto tempo você está andando na linha?* // *Ex-viciado: Há uns três meses.*

3 get things straight *expr.*
DEIXAR AS COISAS CLARAS, JOGAR LIMPO

—Let's talk and **get things straight**. • Vamos conversar e deixar as coisas claras.

street cred _{subs.}
REPUTAÇÃO, IMAGEM

—Kid, you can't hang out with me. I have my **street cred** to think about. • Moleque, você não pode sair por aí comigo. Não é bom pra minha reputação.

stuff _{subs.}
COISAS PESSOAIS, TRALHAS, PERTENCES

—Where's my **stuff**? • Onde estão as minhas tralhas?

suck _{v.}
1 SER UMA PORCARIA, UMA MERDA, UM LIXO

—This music **sucks**. • Esta música é uma porcaria.

2 SER UMA MERDA, SER O Ó

—This music **sucks ass**! • Essa música é o ó!

3 suck face _{loc.}
DAR UNS AMASSOS

—How would you know? You two were **sucking face** all night long. • Como vocês poderiam saber se ficaram dando uns amassos a noite toda?

4 suck up to _{loc.}
PUXAR O SACO

—**Sucking up to** teacher again? • Você tá puxando o saco do professor outra vez?

sucker _{subs.}
BESTA, ESTÚPIDO/A, BURRO/A

—Wise up, **sucker**! • Seja esperto, seu burro!

s'up? _{abrev.}
(What's up?)
E AÍ? O QUE HÁ?
TUDO BEM?

suss out _{v.}
1 FICAR SABENDO, DESCOBRIR

—She finally **sussed out** what was going on. • Ela finalmente descobriu o que estava acontecendo.

2 sussed (out) _{adj.}
CALADO/A, CONTROLADO/A

—I've got her **sussed**. • Eu mantenho ela calada.

—Don't you worry about a thing. I've got it all **sussed**. • Não se preocupe com isso. Tenho tudo sob controle.

swag _{subs.}
ROUPA, ESTILO, VISU, LOOK

—Dig the **swag**! • Gostei do seu look!

swanky *adj.*
SUPERLEGAL, DA HORA, MANEIRO/A

—That's a **swanky** bike, man. • Esta moto é superlegal, cara!

swift one *subs.*
UMA CERVEJA RÁPIDA

—Time for a **swift one**? • Você tem tempo para tomar uma cervejinha?

swing *v.*
FAZER TROCA DE CASAIS, SUINGUE

—I heard they **swing** at their parties. • Me disseram que eles fazem troca de casais nas festas.

> IF YOU WANT IT, YOU CAN WHISTLE FOR IT. • SE QUISER, PODE ESPERAR SENTADO.

T

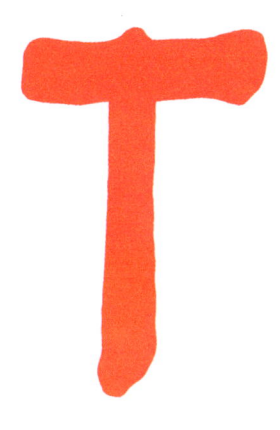

tab *subs.*
1 ECSTASY, BALA
—*Got any **tabs**?* • *Você tem bala?*

2 [UK] ÁCIDO, LSD, DOCE
—*Got a **tab**, mate?* • *Tem ácido, cara?*

tackle *subs.*
SACO, BOLAS
—*Footballer: Watch my **tackle**!* • *Jogador: Cuidado com as minhas bolas!*

tacky *adj.*
CAFONA, BREGA, FULEIRO
—*Her house is so **tacky**!* • *A casa dela é muito brega!*

talk shit *loc.*
FALAR ASNEIRA, FALAR MERDA
—*You are **talking shit**, man!* • *Você tá falando asneira, cara!*

talk to the hand *expr.*
FALA COM A MINHA MÃO, NÃO ESTAR NEM AÍ
—*Sparky: Are you listening to me? // Mhairi: **Talk to the hand**!* • *Sparky: Você está me ouvindo? // Mhairi: Não estou nem aí pra você.*

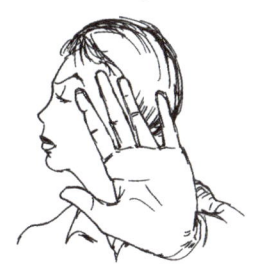

telly *subs.*
TV
—*I'm just gonna veg out in front of the **telly**.* • *Vou vegetar na frente da TV.*

text *v.*
MANDAR UM SMS, MANDAR UMA MENSAGEM DE TEXTO
—***Text** me!* • *Me manda um sms!*

thang *subs.*
COISA
—*Give me, give me my **thang**. Baby, just give me some more. ("My Thang", James Brown)* • *Me dê, me dê minhas coisas. Amor, apenas me dê um pouco mais.*

throwback subs.

1 FÃ DOS VELHOS TEMPOS, ALGUÉM QUE PARECE QUE PAROU NO TEMPO

—How can I describe him? Well, he's a 70s **throwback**. • *Como eu posso descrevê-lo? Bom, parece que ele parou nos anos 1970.*

2 REVIVER, NOS FAZER RECORDAR UMA ÉPOCA DO PASSADO, VOLTAR NO TEMPO

—That's a **throwback** to my school days. • *É como reviver a época de escola.*

thumb v.

MANDAR UM SMS, MANDAR UMA MENSAGEM DE TEXTO

—**Thumb** me! • *Me manda um SMS!*

thumb through v.

FOLHEAR

—I saw this great article when I was **thumbing through** paper. • *Vi um artigo muito bom enquanto estava folheando o jornal.*

tick off v.

1 ENCHER O SACO

—Why are you **ticking** me **off** all the time? • *Por que você enche meu saco o tempo todo?*

2 ARMAR UM BARRACO

—She gave him a right **ticking off** last night. • *Ontem à noite ela armou o maior barraco.*

tide over v.

VIRAR-SE

—I'm skint. Can you give me a few dollars to **tide** me **over** till pay day? • *Tô durango. Me empresta uma grana pra eu me virar até o dia do pagamento?*

tight adj.

ÍNTIMO/A, BROTHER

—Hey, brother! We're **tight**, ain't we? • *Aí, mano! Somos brothers, não somos?*

tip off v.

ABRIR O BICO, DEDURAR

—Do you know who **tipped** us **off**? • *Sabe quem abriu o bico sobre nós?*

toast adj.

FODIDO/A, FERRADO/A

—We're **toast**! • *Estamos fodidos!*

toke subs.

UM PEGA, TRAGO

—Want a **toke** on this, dude? • *Quer um pega, cara?*

tool subs.

TROUXA, BABACA

—You **tool**! • *Seu babaca!*

totty subs.

GOSTOSA

—Loads of **totty** here tonight. • *Quanta mulher gostosa aqui hoje.*

toyboy *subs.*
GAROTÃO

—That's her from next door with her **toyboy**. • *Aquela é a minha vizinha com seu garotão.*

tranny *subs.*
TRAVECO

—The **trannies** are fighting again! I don't know whether to call the police or Almodóvar. • *Os travecos estão brigando de novo! Não sei se chamo a polícia ou o Almodóvar.*

trippy *adj.*
VIAGEM, SURREAL

—I'm sure I've been here before! No? This is **trippy**! • *Tenho certeza de que já estive aqui antes! Não? Isso é surreal!*

TS *acrôn.*
(tough shit)
FERRAR-SE, FODER-SE

—sms 1: I got owned in WoW. // sms 2: **TS**! • *sms 1: Ganharam de mim no WoW. // sms 2: Se ferrou!*

tuck (it) away *v.*
BATER UM PRATO, COMER DEMAIS

—I've been **tucking** it **away** lately, man. • *Tenho batido um prato ultimamente, cara.*

tuppence worth [UK] *subs.*
METER O BEDELHO, DAR OPINIÃO

—He always has to get his **tuppence worth** in. • *Ele sempre tem que meter o bedelho.*

turf *subs.*
ÁREA

—They whacked him on his own **turf**. • *Arrebentaram ele na própria área dele.*

twat *subs.*
1 SACANA, MALANDRO/A

—Hey! You **twat**! • *Ei! Seu sacana!*

2 XOXOTA, BUCETA

—I stuck it in her **twat**. • *Eu enfiei na xoxota dela.*

two-time *v.*
CHIFRAR, BOTAR UM PAR DE CHIFRES

—Did you know that creep was **two-timing** me? He'll get what's coming. • *Você sabia que esse sem-vergonha estava me chifrando? Agora ele vai ver!*

uber *adv.*
HIPER

—That place is **uber** cool! • Aquele lugar é hiperlegal.

uglify *v.*
ESTRAGAR

—You have to leave, man. You're **uglifying** my flat. • Você tem que ir embora, cara. Tá estragando meu apartamento.

ungood *adj.*
Neologismo formado pelo prefixo negativo **un** e o adjetivo **good**. Significa literalmente "não bom", ou seja, "ruim".

—Oh, no! A fail? This is so **ungood**. • Ah, não! Reprovado? Isso não é nada bom!

ungoogleable *adj.*
NÃO ENCONTRADO NO GOOGLE
Normalmente se tem a sensação de que é alguma coisa não muito confiável.

—I can't find any info on that company. Nothing's coming up on screen, they're **ungoogleable**. • Não consigo encontrar informações sobre essa empresa, eles são ingoogleáveis.

up against it *expr.*
FODIDO

—We're **up against it** now. Sony and Samsung are in bed together. • Estamos fodidos. A Sony e a Samsung estão trabalhando juntas.

up on dat *expr.*
ESTAR POR DENTRO

—You gotta be **up on dat**. • Você tem que estar por dentro.

upchuck *v.*
VOMITAR

—Out of my way! I'm gonna **upchuck**! • Sai da frente! Eu vou vomitar!

upriver, upstate, up north *subs.*
XILINDRÓ, ATRÁS DAS GRADES

—Where's Johnny? Is he still **up north**? • Cadê o Johnny? Continua no xilindró?

veg out *v.*
VEGETAR, FICAR DE BOA, COÇAR O SACO

—When I get off work, I just like **vegging out** in front of the telly. • Quando saio do trampo, só quero saber de ficar de boa em frente à TV.

verbal diarrhea *subs.*
CONVERSA-FIADA

—That's just **verbal diarrhea**! • Não me venha com conversa-fiada!

vet *subs.*
VETERANO/A

—"Born in the USA" is about a troubled Vietnam **vet**. • "Born in the USA" é sobre um veterano traumatizado da Guerra do Vietnã.

vibe *subs.*
VIBRAÇÃO, ENERGIA

—I get good **vibes** from Michael. • O Michael me passa uma boa energia.

vomit comet [USA] *subs.*
LINHA NOTURNA DE ÔNIBUS UTILIZADA PRINCIPALMENTE POR BÊBADOS VOMITANDO

—Don't get a taxi, the **vomit comet**'ll be along in ten minutes. • Não pegue um táxi, que o "ônibus dos bêbados" vai passar em dez minutos.

VPL *acrôn.*
(visible panty line)
A MARCA DA CALCINHA

—Look, lads! **VPL**. • Olha lá, pessoal! A calcinha está marcando.

volumes (speaks) *loc.*
ENTREGAR, DIZER TUDO

—The look on her face **speaks volumes** about what she feels about you. • O olhar dela entrega o que ela sente por você.

WHAT DID HE SAY? // JUST THE USUAL, YADA YADA YADA. • O QUE ELE DISSE? // O DE SEMPRE: BLÁ-BLÁ-BLA.

w00t! *expr.*
É uma expressão que indica vitória ou êxito em jogos virtuais.

waffle *v.*
ENROLAR

—Stop **waffling** and get to the point. • Pare de enrolar e vá direto ao ponto.

WAGS *acrôn.*
(wives and girlfriends)
MULHERES E NAMORADAS

—Newspaper headline: Capello Bans **WAGs** from England Training Camp. • Manchete de jornal: Capello proíbe as mulheres e as namoradas dos jogadores da seleção inglesa de assistirem aos treinos.

waltz off with *v.*
AFANAR, PASSAR A MÃO

—Some wanker has **waltzed off with** my jacket. • Algum idiota passou a mão no meu casaco.

wangle *v.*
DAR UM JEITINHO

—I'm gonna try and **wangle** an extra day's holiday. • Vou dar um jeitinho de conseguir um dia a mais de férias.

wank *v., subs.*
1 BATER UMA PUNHETA *vul.*

2 BESTEIRA
—Don't talk **wank**! • Não diga besteira!

3 wanker *subs.*
CRETINO/A, CAFAJESTE, BARRAQUEIRO/A

—Martha: He was seeing someone else. // Friend: **Wanker**! • Martha: Ele foi visto com outra. // Amiga: Cretino!

wannabe *subs.*
ACHAR-SE O/A PRÓPRIO/A

—Kylie Minogue's just a **wannabe** Madonna. • Kylie Minogue se acha a própria Madonna.

Warhol moment *subs.*
QUINZE MINUTOS DE FAMA

—Well, I got my **Warhol moment** this morning. They interviewed me for the telly. • Bem, esta manhã consegui meus quinze minutos de fama. Me entrevistaram para um programa de TV.

wassup? *expr.*
(what's up?)
E AÍ?

—*Yo, dude!* **Wassup?** • *E aí, cara?*

waste *v.*
DAR PORRADA

—*I'm gonna* **waste** *you, weed!* • *Eu vou te encher de porrada, seu merda!*

way *interj.*
NEM PENSAR (no way), ISSO AÍ (way)

—*No* **way**! // *Yeah,* **way**! • *De jeito nenhum!* // *Sim, isso aí!*

wazz *subs.*
DAR UM MIJÃO, DAR UMA MIJADA

—*I was having a* **wazz** *in the street when the pigs arrived.* • *Eu tava dando um mijão na rua quando os coxinhas chegaram.*

wazzed *adj.*
BÊBADO/A

—*What happened to you last night? You were* **wazzed** *after three drinks.* • *O que aconteceu ontem à noite? Você ficou bêbado depois de três drinques.*

weed *subs.*
1 MERDINHA, INSIGNIFICANTE

—*Hey, shut up!* **Weed!** • *Cala a boca, seu merdinha!*

2 MACONHA, ERVA

—*Get the* **weed** *out, man.* • *Pega a erva, cara.*

wet ware *subs.*
Termo utilizado no mundo virtual para se referir às pessoas do mundo real.

whack *v.*
1 DAR UM JEITO, ARREBENTAR, MATAR

—*They're gonna* **whack** *him.* • *Eles vão dar um jeito nele.*

2 **whack off** *v. vul.*
BATER UMA PUNHETA, DESCASCAR UMA

—*Dokes: I bet you* **whack off** *thinking about that shit.* // *Dexter: Me? Hell, no!* • *Dokes: Eu aposto como bate uma punheta pensando nessa merda.* // *Dexter: Eu? Imagina, não!*

3 **whacko** *adj.*
LOUCO, DESPIROCADO

—*Don't talk to those guys. They're* **whacko**. • *Não fala com aqueles caras. Eles são despirocados.*

what the hell *expr.*
QUE PORRA, QUE MERDA, QUE DIABOS

—George: **What the hell** was that? // Dick: Dunno. • George: Mas que porra foi aquilo? // Dick: Não sei.

whatever *interj.*
FODA-SE, TANTO FAZ

—Husband: It's over between us. // Wife: Yeah, **whatever**. • Marido: Está tudo acabado entre nós. // Esposa: OK, tanto faz.

wheels *subs.*
CARANGO, CARRO

—Wanna see my new **wheels**? • Quer ver meu novo carango?

whistle for *v.*
ESPERAR SENTADO/A

—If you want it, you can **whistle for** it. • Se quiser, pode esperar sentado.

whoop it up *v.*
CURTIR

—Come along to the party and **whoop it up** all night long. • Venha para a festa e curta a noite toda.

whopper *subs.*
MENTIRA, LOROTA

—What a **whopper**! • Que mentira!

who's your daddy? *expr.*
QUEM MANDA AQUI?

—After potting the black ball on the pool table: Yeeeees! **Who's your daddy?** • Depois de encaçapar a bola 8: Siiiiim!!!! Quem manda aqui?

wicked *adj.*
DA HORA, DEMAIS

—Sophie: I got the job! // Manu: **Wicked**! • Sophia: Consegui o trabalho! // Manu: Da hora!

willy-nilly *adv.*
QUALQUER

—You can't just come in and make comments like that, **willy-nilly**. • Você não pode entrar aqui e fazer qualquer tipo de comentário.

windbag *subs.*
PÉ NO SACO, PESSOA QUE É UM PORRE

—What a **windbag**! Always going on and on. • Que pé no saco! Ele não para de falar.

wingman *subs.*
ESCUDEIRO, ACOMPANHANTE

—I'm going for the brunette. Wanna be my **wingman**? • Vou chegar na morena. Quer ser meu escudeiro?

wino *subs.*
BEBUM, MANGUACEIRO

—Graham: He was a great talent. Where is he now? // Kyle: He lost it. He's a **wino** now. • Graham: Ele era muito talentoso. Onde ele está agora? // Kyle: Ele se deu mal. Agora é um bebum.

wiped _{adj.}
MOÍDO/A, ARREBENTADO/A

—I'm gonna hit the sack. I'm **wiped**. • Vou para a cama. Estou moído.

wired _{adj.}
HISTÉRICO/A

—Don't say anything to her. She's **wired**. • Não diga nada. Ela está histérica.

wobbler _{subs.}
BARRACO

—She threw a **wobbler** when she found out she didn't get the promotion. • Ela armou um barraco quando descobriu que não tinha conseguido a promoção.

woose, wuss _{subs.}
CAGÃO, FROUXO/A

—Get in the water! Don't be a **wuss**. • Entra na água! Não seja cagão.

word is bond _{expr.}
Esta expressão indica que o que a pessoa diz é 100% verdade, que é sagrado.

—Dan: I don't believe him. // Gary: I do. His **word is bond**. • Dan: Não acredito nele. // Gary: Eu acredito. É a palavra dele.

WORD UP! _{expr.}
A MAIS PURA VERDADE

—Mark: Is that true? // Almu: Yeah, **word up**! • Mark: Isso é sério? // Almu: Sim, a mais pura verdade.

WoW _{acrôn.}
(World of Warcraft)

—Little brother: What does **WoW** mean? // Big brother: It means "World of Warcraft". Now, could you get out of my room, please? • Irmão mais novo: O que significa WoW? // Irmão mais velho: Significa "World of Warcraft". Agora, por favor, pode sair do meu quarto?

wrecked _{adj.}
BEM LOUCO/A

—Duncan: Why did you say that? // Lindsay: Dunno, man. I was **wrecked**. • Duncan: Por que disse isso? // Lindsay: Não sei, cara. Eu tava bem louca.

WTF _{acrôn.}
(what the fuck)
QUE PORRA

—sms: **WTF** happened? • sms: Que porra aconteceu?

yellow card *subs., v.*
CARTÃO AMARELO
Indica advertência ou desaprovação, sobretudo quando alguém tem uma opinião contrária da maioria; como no futebol, nesses casos se mostra o "cartão amarelo".

—Wilson: *Right, lads! Let's go to a club.* // Johnson: *No, I'm gonna call it a day.* // Lads: ***Yellow card**, Johnson!* • Wilson: Certo, galera, vamos pra balada! // Johnson: Não, eu não vou. // Amigos: Cartão amarelo pra você, Johnson!

yada yada yada *subs.*
BLÁ-BLÁ-BLÁ

—*What did he say?* // *Just the usual,* ***yada yada yada**.* • O que ele disse? // O de sempre: blá-blá-blá.

yak *v.*
VOMITAR

—*Open the window, please. I'm gonna **yak**!* • Por favor, abre a janela que eu vou vomitar.

yeah right *interj.*
AH, TÁ BOM (IRÔNICO); AH, ACREDITO

—Lads: *Look, Pete! Your idol's just walked in the door.* // Pete: ***Yeah right**!* • Amigos: Olha, Pete! Seu ídolo acabou de entrar pela porta. // Pete: Ah, tá bom!

yo *interj.*
E AÍ?

—***Yo**, dude!* • E aí, cara?

you and your mama *interj.*
VOCÊ E QUEM MAIS?

—*I'm gonna deck you!* // *Yeah,* ***you and your mama**.* • Eu vou te encher de porrada! // Tá, você e quem mais?

yuk *interj.*
QUE NOJO, ECA

—*Spinach!* ***Yuk**!* • Espinafre, que nojo!

yummy *adj., interj.*
QUE DELÍCIA, DE LAMBER OS DEDOS, HUMMMM

—*Chocolate cake!* ***Yummy**!* • Bolo de chocolate, hummm!

zap into *v.*
VAPT-VUPT

—Stay here, please. I'm just gonna **zap into** the super for some bread and milk. • Espere aqui, por favor. Só vou no mercado comprar pão e leite, é vapt-vupt.

zero hour *subs.*
HORÁRIO DE INÍCIO

—OK, everybody. An early start tomorrow. **Zero hour** 07:00. • Atenção, pessoal. Começaremos amanhã às 7 em ponto.

zero tolerance *subs.*
TOLERÂNCIA ZERO

—Slogan: **Zero tolerance** against wife beaters. • Slogan: Tolerância zero contra agressores de mulheres.

zilch *subs.*
NADICA DE NADA

—So, what did you get from the inheritance? // **Zilch!** • Então, o que recebeu de herança? // Nadica de nada!

zit *subs.*
ESPINHA

—Hey! You've got a **zit** on your nose. • Olhe! Tem uma espinha no seu nariz.

2 pop a zit *loc.*
ESPREMER ESPINHA

—That's a gross zit you got, Johnny. **Pop it**, man! • É muito nojenta essa espinha que apareceu, Johnny. Espreme, cara!

zonked *adj.*
CAPOTADO/A, APAGADO/A

—Hey! Wake up! // Just leave him. He's **zonked**. • Ei, acorda! // Deixa ele. Ele está capotado.